일본어
논술문
작성법

저자 **박정의 · 형진의**

시사일본어사

들어가며

일본에서는 입사시험에서 논술시험이 필수이다. 또 대학입시에서도 논술시험의 비중이 늘어나는 경향이고, 명문대학에서는 특히 그렇다. 때문에 일본 기업에 취직하거나 일본유학을 위해서는 일본어논술시험은 피할 수 없다고 할 수 있다.

일본어논술시험은 수험생의 일본어능력은 물론 사고능력・적용능력, 나아가서는 성격까지 판단할 수 있기 때문에 앞으로 더욱 중요할 것으로 판단된다. 그러나 문제는 최근의 일본어학습자에게 가장 취약한 부분이, 이 일본어논술시험이다. 일본어논술시험이라고 하면, 답안지를 앞에 두고 어떻게 써야 할지 몰라 쩔쩔매는 사람이 적지 않다. 그 이유로 다음과 같은 것들을 들 수 있다.

우선, 일본어논술은 고사하고 일본어작문 자체를 쓸 수 없는 사람이 늘고 있다. 과거에는 책으로 '읽기, 쓰기'를 중심으로 진행되던 일본어학습이, 최근에는 '실용'이라는 명분과 일본어학습기재의 진보에 따라 '듣기, 말하기' 중심의 회화학습으로 바뀌었다. 이것은 학습자의 요구가 회화에 있는 것과도 일치하는 것으로, 이러한 경향은 더욱 가속화되리라 생각한다. 이 때문에 쓰는 것이 더욱 소홀해져서 요즘 학생들에게 문장을 쓰게 해 보면, 글말과 입말의 구별조차 안 되는 학생들이 많은 것이 현실이다. 입말을 그대로 문장으로 바꾸기만 하면 일본어문장이 되는 것이 아니다. 아마 뜻은 통하겠지만, 결코 올바른 일본어문장이라고는 할 수 없다는 점을 유의해야 한다.

또한 최근의 텔레비전의 버라이어티프로그램은 물론이고 토론프로그램에서도 목청껏 자기주장을 펴는 쪽이 이기는 경우가 많다. 그러나 이런 프로그램을 보고 자란 젊은이들은 논리적으로 생각하는 능력이 부족할 수 있다. 또 '논술문은 논리적으로 자신의 생각을 표현하는 문장이다'라고 했을 때, 이 '논리적'이라는 개념을 잘 이해하지 못해 어려운 말을 나열하기만 하면 된다고 오해하는 사람도 적지 않다. 이 때문에 자기 자신도 이해하지 못하는 추상적이고 어려운 말을 늘어놓고 만족해하며, 그것을 '논술문'이라고 착각하는 사람도 있다.

'논술문'을 쓰는 것은 어려운 일이 아니다. 어려운 말로 감탄하게 하고, 아름다운 말로 감동시켜야 하는 작문이나 수필보다 훨씬 쉬운 것이 '논술문'이다. 자신의 일본어능력 이상의 말은 오히려 논점을 흐리게 할 뿐이다. '논술문'에는 어려운 말도 아름다운 말도 불필요하다. 다만, 자신의 능력에 맞는 일본어로 자신의 주장・생각, 그리고 그 근거를 제시하면 자연스럽게 '논술문'이 되는 것이다. 그러나 이렇게 말한다고 해서 쉽게 이해되지 않는 것 역시 '논술문'이다. 그래서 이 책을 집필한 것이다.

본 책은 제1장 '알기 쉬운 문장 작성법'과 제2장 '논술문 작성법'으로 구성되어 있다. 제

1장에서는 '논술문'의 기초로써, 일본어문장 작성법부터 차근차근 배워간다. 여기서는 같은 문장이라도 어떻게 쓰면 알기 쉬운 문장이 되는지에 대해 학습한다. 논술문의 기본은 '알기 쉬운 문장'이다. 제2장에서는 '논술문 작성법'에 대해 본격적으로 공부한다. 이것은 한마디로 철저히 '형식'을 배우는 일이다. 초보자 또는 일본어능력이 없는 사람도 '형식'에 맞춰 씀으로써 논리적인 문장을 쓸 수 있다. 단, 그에 앞서 '논술문이란 무엇인가'에 대해 충분히 이해해야 하는 것 역시 잊어서는 안 된다.

논술문을 완성하는 것은 단순히 논술문만의 문제로 끝나지 않는다. 그것은 논리적으로 이야기 하는 기본이기도 하다. 자기소개를 할 때, 자신을 이런 사람이라고 설명할 때, 왜 그런가를 덧붙임으로써 상대방의 이해를 도울 수 있다. 이 때 논술 방법이 필요하다. 특히 면접시험에서는 더욱 그렇다. 자신의 생각을 논리적으로 이야기하기 위해 논술의 '형식'에 맞춰서 이야기 하면 효과적이다. 이렇게 상대방을 설득시키고 이해시킬 수 있는 능력은, 논술문을 쓸 수 있는 능력과 맥을 같이 한다.

저자 일동

목차

들어가며	02
목차	04
구성과 특징	07

제1장 알기 쉬운 문장 작성법

1. 알기 쉬운 문장이란?	10
1 문학적 문장과는 다르다	10
2 눈으로 식별한다	12
2. 한자의 사용	14
1 효율적인 한자사용	14
2 한국과 일본의 한자는 다르다	17
3 가타카나 사용법	20
[연습문제1]	22
[연습문제1 해답 예]	24
3. 문장에서 사용하는 기호	28
1 일반적으로 사용하는 기호	28
2 기호의 올바른 사용 법	29
[연습문제 2]	32
[연습문제 2 해답 예]	36
4. 원고지 작성 요령	42
1 원칙	43
2 숫자 쓰는 법	45
[연습문제 3]	48
[연습문제 3 해답 예]	50
5. 수식어의 순서	52
1 일반 원칙	52

2 수식어가 긴 순서로 나열한다	54
3 절대적 순서	59
[연습문제 4]	62
[연습문제 4 해답 예]	66

6. 모점 사용법 … 76
1 일반 원칙 … 78
2 2대 원칙 … 82
　[연습문제 5] … 88
　[연습문제 5 해답 예] … 92

제2장 논술문 작성법

1. 논술문이란 무엇인가 … 98
1 Yes 또는 No를 판단하는 문장 … 98
2 논술문은 '작문'과도 '학술논문'과도 다르다 … 98
3 일본어로 문장을 쓴다 … 99
4 테마가 있다 … 99
5 시험장에서 작성한다 … 100
6 정해진 시간과 글자 수를 엄수한다 … 100
7 정답은 없다 … 101
8 누가 읽는 것인가 … 101

2. 논술문의 규칙 … 102
1 형식면에서의 규칙 … 102
2 내용면에서의 규칙 … 107
3 글자 수 제한의 규칙 … 111

3. 논술문의 형식 … 116
1 기본형(3부 구성) … 116
2 3부 구성의 내용 … 117

4. 4부 구성　　　　　　　　　　　　　　　　　　　　　118
1 구성　　　　　　　　　　　　　　　　　　　　　　　118
2 문제제기를 어떻게 쓸 것인가　　　　　　　　　　　124
3 논술문의 메모　　　　　　　　　　　　　　　　　　126
4 논술문의 좋은 예 나쁜 예　　　　　　　　　　　　　132
5 형식의 응용　　　　　　　　　　　　　　　　　　　140

5. 2부 구성　　　　　　　　　　　　　　　　　　　　　144
1 기본A형 : 결론(4부) → 설명(2·3부)　　　　　　　　144
2 기본B형 : 설명(2·3부) → 결론(4부)　　　　　　　　144
3 의견문과 설명문과의 차이　　　　　　　　　　　　　147

6. 과제문이 있는 경우　　　　　　　　　　　　　　　　150
1 과제문 읽는 요령　　　　　　　　　　　　　　　　　150
2 독해 요령　　　　　　　　　　　　　　　　　　　　157
3 시험장에서 곤란해진 경우　　　　　　　　　　　　　164

7. 요약문의 경우　　　　　　　　　　　　　　　　　　168

8. 연습　　　　　　　　　　　　　　　　　　　　　　　172
1 4부 구성 문제　　　　　　　　　　　　　　　　　　172
2 2부 구성 문제　　　　　　　　　　　　　　　　　　180
3 과제문이 있는 문제　　　　　　　　　　　　　　　　186

제3장　부록
1 자주 사용되는 일본한자　　　　　　　　　　　　　　194
2 자주 사용되는 어휘의 표현 방법　　　　　　　　　　195

구성과 특징

다양한 예문과 구체적인 설명으로 이해도를 높였습니다.

제1장
일본어 문장의 작성법부터 차근차근 배워나가는 단계로 한자 및 가타카나의 효율적인 사용법, 기호, 원고지 작성 요령 등을 익혀, 보다 알기 쉬운 문장을 작성할 수 있도록 하였습니다.

파트 별로 다양한 연습문제와 자세한 해설이 포함된 해답 예를 제공하여 학습 능률을 높였습니다.

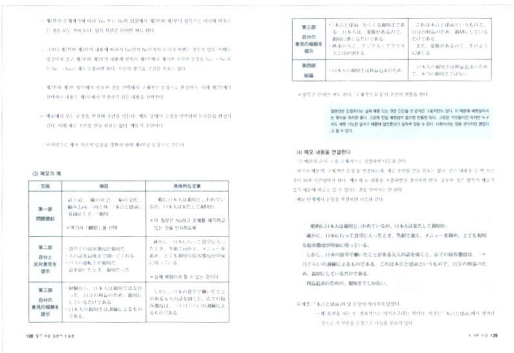

제2장
실제 논술문을 작성하는 형식을 철저히 배우는 파트로, 자신의 생각을 논리적으로 표현할 수 있도록 논술문에 대한 기본 이해와 다양한 형식, 구성, 예문 등을 소개하였습니다.

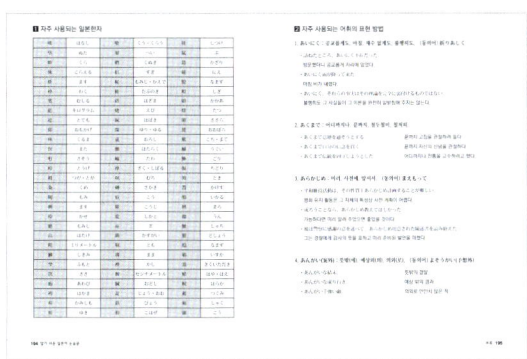

제3장
자주 사용되는 일본한자를 추가적으로 수록하였고, 61개의 자주 사용되는 어휘의 표현 방법이 수록되어 있어 일본어 어휘력을 향상할 수 있습니다.

제1장
알기 쉬운 문장 작성법

1. 알기 쉬운 문장이란?

1 문학적 문장과는 다르다

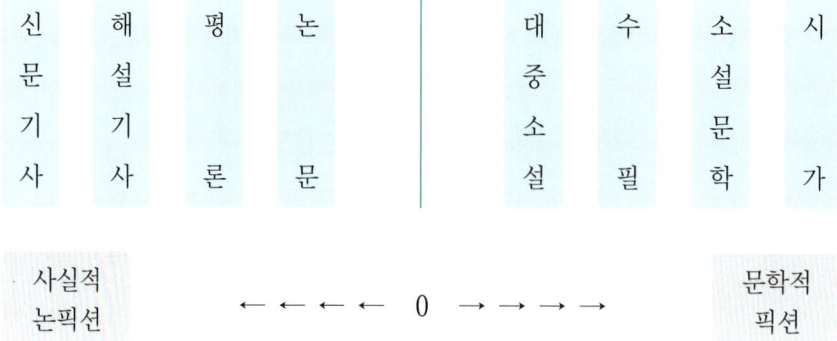

문학적인 분류는 여기서는 생각하지 않는다. 언어의 예술로서의 문학은 문장의 기술적 센스와는 차원이 다르다. 예를 들면 아래의 문장이다.

　どうせばれるにきまっているのに、そのとおりに言うのが、おそろしく、必ず何かしら飾りをつけるのが、自分の哀しい性癖の一つで、それは世間の人が「嘘つき」と叫んで卑しめている性格に似ていながら、しかし、自分は自分に利益をもたらそうとしてその飾りつけを行った事はほとんど無く、ただ雰囲気の興覚めた一変が、窒息するくらいにおそろしくて、後で自分に不利益になるという事がわかっていても、れいの自分の「必死の奉仕」、それはたといゆがめられ微弱で、馬鹿らしいものであろうと、その奉仕の気持から、つい一言の飾りつけをしてしまうという場合が多かったような気もするのですが、しかし、この習性もまた、世間の所謂「正直者」たちから、大いに乗ぜられるところとなりました。

(太宰治『人間失格』)

이것이 한 문장이다. 상식을 벗어난 긴 문장이고, 게다가 도중에 주어가 여러 번 바뀌는 난해한 문장이라고 할 수 있다. 그러나 명문이기 때문에 매끄러운 리듬으로 한 번에 읽어 내려갈 수 있지만, 이런 문장을 쓸 수 있는 것은 작가이기 때문에 가능한 것이고, 우리가 흉내 낼 것은 아니다. 이런 문장은 그때의 감정, 상황을 독자에게 감동적으로 전하는 것을 목적으로 하는 것으로, 사실을 알기 쉽게 전달하는 문장과는 다른 차원이라고 할 수 있다.

여기서 말하는 '알기 쉬운 문장'이란, 문학적인 문장이 아닌 사실적인 문장만을 대상으로 한다. 그 중에는 보고서·선전문구·르포 등도 포함된다. 단 편지와 일기는 제외하고 싶다. 편지는 받는 사람 만 이해하면 되고, 그 밖의 사람은 이해하지 않아도 되는 문장이다. 거기에는 자신의 감정 등을 전할 문장이 많이 포함되어 있다. 연애편지 등이 그 전형적인 예라고 할 수 있다. 이런 종류는 문학적인 것이라고 할 수 있다.

또한 일기는 타인이 읽지 않는 것을 전제로 한 문장으로, 본인만 알면 되는 것이다. 극단적으로 말하면 기호라도 상관없다. 예를 들면 일기는 아래와 같은 문장으로도 충분하다.

今日、○○でSにあって、AをXXXX。その後は、△たり▲たりで？？………。

알기 쉬운 문장을 작성할 때의 목적은 오직 하나, 읽는 사람에게 알기 쉬운 문장을 쓰는 것, 그것뿐이다.

2 눈으로 식별한다

여기서 중요한 것은 문장은 대화처럼 소리로 인식하는 것이 아니고, 눈으로 인식한다는 점이다. 이 때문에 눈으로 인식하기 쉽게 문장을 꾸밀 필요가 있다.

> きのうわたしはがっこうにいったときしんゆうのやまだくんがにゅうよくでこうつうじこにあったときいてびっくりしてたおれてしまったそしてびょういんのえいよんごうしつににゅういんした。

위 문장은 단어와 단어의 경계를 식별할 수 없어서 읽기 곤란한 문장이다.

이 문장이 소리로 인식하는 회화라면 띄어서 말하면 되기 때문에 아무런 문제가 없다. 그러나 문장은 눈으로 인식하는 것이다. 때문에 구두점을 찍고 한자·가나·숫자·알파벳을 적당히 섞어서 눈으로 단어와 단어를 식별할 수 있도록 쓰지 않으면 안 된다.

위의 문장을 알기 쉽게 다시 쓰면 다음과 같다.

> 昨日、私は学校に行った時、親友の山田君がニューヨークで交通事故にあったと聞いて、ビックリして！ 倒れてしまった。そして、病院のA－4号室に入院した。

이상과 같이 구두점을 찍고 한자·가나·숫자·알파벳을 적당히 넣고 기호를 사용함으로써 알기 쉬운 문장이 되는 것을 확인할 수 있다.

이제 '알기 쉬운 문장 작성법'을 순서에 따라 정리해 보고자 한다.

MEMO

2. 한자의 사용

1 효율적인 한자사용

(1) 동음이의어가 많다

일본어는 발음이 50음으로 한정되어 있기 때문에 동음이의어가 많고, 가나만으로 쓸 경우 단어의 식별이 어렵다. 예를 들어, 히라가나 표기 「こうこう」의 경우 아래와 같은 다양한 의미의 단어가 있다.

> こうこう：孝行、高校、航行、後攻、口腔、硬膏、後項、港口、後考、坑口、
> 工高、皓々、煌々、浩々、皇考、鉱口、膏肓、皇考、斯う斯う……

여기에 고유명사까지 넣으면 그 수는 무한대로 확대되어 의미 파악이 불가능해진다. 한국어도 한자를 사용하지 않으면 혼선을 빚는 경우가 있는데 일본어는 그와 비교할 수 없다.

(2) 띄어쓰기를 하지 않는다

일본어는 띄어쓰기를 하지 않기 때문에 히라가나만을 나열한 문장에서는 단어와 단어의 경계를 식별할 수 없고, 다른 의미로 읽힐 수 있다.

다음과 같이 히라가나만으로 쓴 문장은 다양한 의미로 해석될 수 있다.

> **きのうえがわにあった。** → きのう　えがわに　あった。(昨日江川に会った)。
> → きの　うえがわに　あった。(木の上側にあった)。

이와 같이 띄어쓰기를 하지 않기 때문에 단어와 단어의 경계를 식별할 수 없고, 따라서 한자를 효율적으로 사용하는 것이 중요하다.

한자를 사용함으로써 문장이 읽기 쉬워지는 것을 예로 나타내면 다음과 같다.

　しんるいのものからせいようせいのないふをもらってきれいなはをひにかざしてともだちにみせていたらひとりがひかることはひかるがきれそうもないといった。きれぬことがあるかなんでもきってみせるとうけあった。そんならきみのゆびをきってみろとちゅうもんしたからなんだゆびぐらいこのとおりだとみぎのてのおやゆびのこうをはすにきりこんだ。さいわいそのないふがちいさいのとおやゆびのほねがかたかったのでいまだにおやゆびはてについている。しかしきずあとはしぬまできえぬ。

⇩ 모점(、)을 넣어 본다. ⇩

① しんるいのものからせいようせいのないふをもらってきれいなはをひにかざして、ともだちにみせていたら、ひとりがひかることはひかるがきれそうもないといった。きれぬことがあるか、なんでもきってみせるとうけあった。そんならきみのゆびをきってみろとちゅうもんしたから、なんだゆびぐらいこのとおりだとみぎのてのおやゆびのこうをはすにきりこんだ。さいわいそのないふがちいさいのと、おやゆびのほねがかたかったので、いまだにおやゆびはてについている。しかし、きずあとはしぬまできえぬ。

⇩ 명사만 한자로 바꾼다. ⇩

② 親類のものから西洋製のナイフをもらってきれいな刃を日にかざして、友達にみせていたら、一人がひかることはひかるがきれそうもないといった。きれぬことがあるか、なんでもきってみせるとうけあった。そんなら君の指をきってみろと注文したから、なんだ指ぐらいこのとおりだと右の手の親指の甲をはすにきりこんだ。さいわいそのナイフがちいさいのと、親指の骨がかたかったので、今だに親指は手についている。しかし傷跡はしぬまできえぬ。

⇩ 그러나 무턱대고 한자로 바꾸면 오히려 읽기 어렵다. ⇩

③ 親類の者から西洋製のナイフを貰らって奇麗な刃を日に翳ざして、友達に見せて居たら、一人が光る事は光るが切れそうも無いと云った。切れぬ事が在るか、何でも切って見せると請け合った。其なら君の指を切って見ろと注文したから、何だ指位此の通りだと右の手の親指の甲を斜に切り込こんだ。幸い其のナイフが小さいのと、親指の骨が堅かったので、今だに親指は手に付いて居る。然し、傷跡は死ぬ迄消えぬ。

⇩ 접속사・조사・조동사・보조동사를 히라가나로 바꾸면 읽기 쉬워진다. ⇩

④ 親類のものから西洋製のナイフをもらって奇麗な刃を日に翳ざして、友達ちに見せていたら、一人が光ることは光るが切れそうもないといった。切れぬことがあるか、何でも切ってみせると請け合った。そんなら君の指を切ってみろと注文したから、何だ指ぐらいこの通りだと右の手の親指の甲をはすに切り込こんだ。幸いそのナイフが小さいのと、親指の骨が堅かったので、今だに親指は手に付いている。しかし、傷跡は死ぬまで消えぬ。

(夏目漱石『坊っちゃん』)

①은 쉼표만 넣은 것이다. 일본어는 띄어쓰기를 하지 않기 때문에 쉼표만 넣어도 상당히 알기 쉽다.

②는 명사만 한자로 바꿨는데 이것으로 어느 정도는 읽기 쉬운 문장이 되었다.

③의 문장은 모든 어휘에 한자를 사용했는데, 1945년 이전의 일본어 문장은 이런 식으로 한자를 사용했다.『坊っちゃん』의 원문도 이럴 것이다. 그러나 오늘날에는 오히려 이해하기 어려운 문장이라고 할 수 있다. 이 때문에 접속사・조사・조동사・보조동사를 히라가나로 고친 것이 ④로 가장 알기 쉬운 문장이라고 할 수 있다.

> 일본이 패전하기 전(1945년 이전)에는, 접속사・조사・조동사・형식명사에도 한자를 사용하는 것이 일반적이었다. ③이 그 예이다(일제강점기에 일본에서 발간된 서적들을 보면 한눈에 알 수 있다). 그러나 패전 후에는 원칙적으로 명사・동사・형용사・형용동사・부사 등에 한자를 사용하고 접속사・조사・조동사・보조동사・형식명사 등에는 한자를 사용하지 않는다.

2 한국과 일본의 한자는 다르다

(1) 한자 자체가 다르다

일본에서는 패전 후 한자를 약자로 고쳤기 때문에 현재 한국에서 사용되는 대부분의 한자는 일본에서는 옛날 글자로 취급된다. 예를 들면 '權'이라는 글자에 대한 일본에서의 인식은 다음과 같다.

權(旧字)　→　権(正字)　→　权(略字)

한국의 일본어 학습자가 틀리기 쉬운 예를 들면 다음과 같다.

誤) 學校で、國語の時間にエと音讀する。「會」「惠」「壞」の漢字を習った。

正) 学校で、国語の時間にエと音読する。「会」「恵」「壊」の漢字を習った。

자신 있게 쓴 한자가 옛날 글자인 경우가 많기 때문에, 자신이 없는 경우에는 반드시 사전에서 확인하고 써야 한다.

> 일본어 문장에서 「国語」를 「國語」라고 쓰면, 설령 의미가 통했다고 해도 일본어로는 명백하게 틀린 것이다. 단, 고유명사에서는 옛날 글자체를 사용하는 것이 가능하다. 예를 들면 작가 이름인 「江國香織」 등. 이것은 한국어의 고유명사를 일본어 문장에서 표기할 때도 마찬가지이다.

(2) 일본한자

일본에서 만들어진 한자를 '일본한자'라고 한다. 물론 일본 이외의 나라에서도 독자적으로 만들어진 한자가 존재하지만 여기서는 언급하지 않기로 한다. 일본한자는 峠(とうげ)・畑(はたけ)・辻(つじ) 등과 같이 훈독으로 읽고 음독이 없는 것이 특징이다. 단, 働(ドウ)・腺(セン)・搾(サク)처럼 관용적인 음독을 갖는 한자도 적지만 존재한다.

또 물고기와 관련된 일본한자가 많은 것도 특징이다. 더욱이 중국어에 포함된 '역수출 일본한자'도 소수지만 존재한다. '腺'은 그 예다.

자주 사용되는 일본한자를 소개하면 다음과 같다. (부록 194쪽 추가 수록)

자주 사용되는 일본한자					
〆	しめ	栃	とち	舩	せがれ
匂	におい	柾	まさ	閊	つかえる
匁	もんめ	砘	トン	閇	あづち・つぢ
弖	て	瓱	ミリグラム	魹	とど
叺	たわ	畑	はたけ	噸	トン
凧	たこ	粁	キロメートル	噺	はなし
叺	かます	綛	かせ・かすり	鰯	いわし
圦	いり	腺	せん	鰰	はたはた
辷	すべる	褄	つま	襷	たすき
込	こむ	逧	あっぱれ	鑓	やり
凩	こがらし	魞	えり・えそ	鰊	こう
凪	なぎ	鴫	にお	鱈	たら
圷	あくつ	縊	うん	鱚	きす
辻	つじ	鎹	かすがい	鱒	えそ
呎	フィート・せき	鮟	すばしり	鯖	さば
杣	そま	鯛	あさり	鱺	やがて
杢	もく	鯑	かずのこ	鱰	はたはた
枥	とち・とちのき	鯒	こち	鱪	しいら

(3) 한자의 의미가 다르다

같은 한자라도 한국과 일본에서 의미가 다른 경우가 있다. 때문에 같은 한자라고 생각하여 사전에서 확인하지 않고 사용하면 전혀 다른 의미의 문장이 되는 경우가 있다. 다음은 그러한 예이다.

誤) <u>夏放学</u>が終り、<u>来日</u>は<u>一校時</u>から会話の<u>工夫</u>が<u>始作</u>する。

正) <u>夏休み</u>が終り、<u>明日</u>は<u>一時間目</u>から会話の<u>勉強</u>が<u>始まる</u>。

① 단어 자체가 일본어에 없는 것
  ─ 「校時」라는 일본어는 없다. 한국어 「校時」를 뜻하는 일본어는 「時間目」다.
  ─ 「始作(しさく)」라는 일본어는 없다. 한국어를 단순히 한자로 표기한 것일 뿐이다. 비슷한 것으로 「試作(しさく)」가 있는데 이것은 「試みに作る(시험 삼아 만든다)」라는 의미다.

② 단어의 의미가 다른 예
  ─ 「来日」은 일본어로는 「日本に来る」라는 의미이고 「来日公演：日本に来ての公演」처럼 사용된다. 한국어 「来日」을 뜻하는 일본어는 「明日」이다.
  ─ 「工夫」는 일본어로는 '여러 가지 궁리해서 좋은 방법을 얻는 것'을 뜻한다. 한국어의 「工夫」를 뜻하는 일본어는 「勉強」이다.
  ─ 「放学」은 일본어로는 「放課」, 「退学」을 뜻한다. 한국어의 「放学」을 뜻하는 일본어는 「(夏・冬) 休み」이다.

이런 단어들은 일본어에서는 통하지 않는다는 점을 잊어서는 안 된다.

3 가타카나 사용법

1945년 패전 전에는, 일본에서의 공식문장은 헌법을 비롯해 주로 가타카나를 사용했다. 패전 전의 〈대일본제국헌법〉과 패전 후의 〈일본국헌법〉을 비교하면 다음과 같다.

大日本帝國憲法　第一章　天皇　第一條：
大日本帝國ハ万世一系ノ天皇之ヲ統治ス。
↓
日本国憲法　第一章　天皇　第一条：
天皇は、日本国の象徴であり日本国民統合の象徴であって、
この地位は、主権の存する日本国民の総意に基く。

오늘날에는 원칙적으로 다음과 같은 경우에만 가타카나를 사용한다.

① 외국지명·인명
　アメリカ／フランス／ソウル市／ロンドン市／アマゾン川／スミス／キムさん

② 외래어·외국어
　サッカー／バス／レストラン／レンジ／コート／パン／キムチ／ケーキ

③ 일본제 영어(영어 또는 영어 이외의 외래어를 합성해 만든 단어)
　ナイター／ベットタウン／オールバック／リヤカー／アフターサービス

④ 의태어·의성어(반드시 가타카나를 사용할 필요는 없다)
　クネクネ／ニッコリ／ギラギラ／ドンドン／パンパン／カサカサ

⑤ 전보문(지금도 결혼식 등의 축전에 사용된다)
　「ハハ　キトク(어머니 위독)」／「サクラ　サク(시험 합격)」／
　「ゴケッコン　オメデトウ(결혼 축하합니다)」

이외에도 강조할 때나 어려운 한자 대신에 가타카나를 사용하는 경우가 있다. 또한 요즘 젊은이들의 문장은 외래어를 많이 사용하기 때문에 옛날보다 오히려 가타카나가 차지하는 비율이 증가하는 경향이 있다.

다음은 가타카나어를 많이 사용한 요즘 젊은 세대 문장의 나쁜 예다.

イエスタデー、**グウゼン**に**ハイスクール**時代の**フレンド**に会って**ビックリ**した。それで、近くの**レストラン**に入って、**ランチ**に**ピザ**を**オーダー**した。そこは**セルフサービス**だったが、**チョーオイシ**かった。

① 가타카나 사용의 좋은 예
— 「ビックリ(吃驚)」,「グウゼン(偶然)」등은 한자가 어렵기 때문에 가타카나로 한 것이다.
— 「レストラン」,「ランチ」,「ピザ」,「セルフサービス」등은 외래어로 자리 잡은 단어로 올바른 사용법이다.

외래어 이외에는 가타카나어를 필요 이상 사용하지 않는 것이 좋다.

② 가타카나 사용의 나쁜 예
— 「チョーオイシイ」는 한자로 쓰면 「超美味しい」가 된다. 이 가운데 「チョウ(超)」는 「とても」, 「非常に」라는 뜻으로 젊은 세대가 많이 사용하는 표현이지만, 정식 문장에는 사용할 수 없는 일본어다.
— 「ハイスクール」,「フレンド」,「オーダー」,「イエスタデー」는 외래어라기보다 영어 「high school」,「friend」,「order」,「yesterday」의 일본식 발음을 그대로 가타카나로 바꾼 것이다. 최근에는 이런 사용법이 젊은이를 중심으로 확대되고 있는데, 정식 문장에서는 사용해서는 안 되고 「高校」,「友人」,「注文」,「昨日」라고 써야 한다.

앞에서의 과도한 가타카나 사용 문장을 바람직한 사용법으로 고치면 다음과 같다.

昨日、偶然に高校時代の友人にあってビックリした。それで、近くのレストランに入って、昼食にピザを注文した。そこはセルフサービスだったが、とても美味しかった。

연습문제 1

▶ 한자를 사용하여, 알기 쉬운 문장으로 고치시오.

❶ わたしは、そのおとこのしゃしんをさんまいみたことがある。いちまいは、そのおとこの、ようねんじだい、とでもいうべきであろうか。(太宰治『人間失格』)

　→

❷ わたしはじぶんのしごとをしんせいなものにしようとしていた。ねじまがろうとするじぶんのこころをひっぱたいて、(有島武郎『生まれいずる悩み』)

　→

❸ なんでもうすぐらいじめじめしたところでにゃーにゃーとないていたことだけは、きおくしている。(夏目漱石『吾が輩は猫である』)

　→

❹ ふたりのしんしが、すっかりいぎりすのへいたいのかたちをして、ぴかぴかするてっぽうをかついで、しろくまのようないぬをにひきつれて、だいぶやまおくの、このはのかさかさしたところを、あるいておりました。(宮沢健治『注文の多い料理店』)

　→

❺ わたしがせんせいとしりあいになったのはかまくらである。そのときわたしはまだわかわかしいしょせいであった。(夏目漱石『こころ』)

　→

❻ りゅうがくせいたちは、えあこんのでんきだいをせつやくするためまいにちのようにだいがくにでてきておりますが、よるはたいへんだろうとおもいます。さくじつは、まつやまのえんがんぞいで、だいきぼなはなびたいかいがありましたので、あつさをわすれたことだろうとおもいます。

　　→

❼ おかやまけんのおーときゃんぷじょうはよくせいびされており、けしきもよく、めとはなのさきにはおんすいぷーるとおんせんがありましたので、まことにじょうけんのよいところでした。これならまた、あきにさいど、きたいものだとねがっています。

　　→

❽ ことしは、もうしょもなくひかくてきすごしやすいなつだそうです。しかし、あつい。わかいときはこのあつさがたまらなくみりょくてきにかんじたのですが、もうだめです。ただひたすら、あきをまちわびるきょうこのごろです。

　　→

❾ さいきんはずいぶんさけがよわくなり、しょうちゅういっぽんでよいがまわり、にほんでわれをわすれ、さんぼんのむとそこがねどこです。あさまでそのまま、ねむってしまいます。

　　→

연습문제 1 해답 예

※작문의 경우, 절대적인 해답은 없다. 즉 [해답 예]와 다른 [해답]도 존재한다.

▶ 한자를 사용하여, 알기 쉬운 문장으로 고치시오.

❶ わたしは、そのおとこのしゃしんをさんまいみたことがある。いちまいは、そのおとこの、ようねんじだい、とでもいうべきであろうか、(太宰治『人間失格』)

> 私は、その男の写真を三葉、見たことがある。一葉は、その男の、幼年時代、とでも言うべきであろうか、(원문)

⇩ 오늘날에는「葉」이라는 한자는 이런 식으로 사용하지 않는다.
또한 소설이기 때문에 감정을 넣기 위해 모점이 많이 사용된다. ⇩

> 私は、その男の写真を三枚見たことがある。一枚はその男の幼年時代、とでも言うべきであろうか、

❷ わたしはじぶんのしごとをしんせいなものにしようとしていた。ねじまがろうとするじぶんのこころをひっぱたいて、(有島武郎『生まれいずる悩み』)

> 私は自分の仕事を神聖なものにしようとしていた。ねじ曲がろうとする自分の心をひっぱたいて、(원문)

⇩ ねじ에는 원래「捻子·螺子·捩子」라는 한자가 있지만 어렵기 때문에
일반적으로는 사용되지 않는다. 그래서 가타카나표기로 고쳤다. ⇩

> 私は自分の仕事を神聖なものにしようとしていた。ネジ曲がろうとする自分の心をひっぱたいて、

❸ なんでもうすぐらいじめじめしたところでにゃーにゃーとないていたことだけは、きおくしている。(夏目漱石『吾が輩は猫である』)

　　何でも薄暗いじめじめした所でニャーニャーと泣いていた事だけは記憶している。(원문)

알기 쉽게 하기 위해 의성어를 가타카나로 고쳤다.
⇩　또 형식명사는 원칙적으로 히라가나로 한다.　⇩

　　何でも薄暗いジメジメした所でニャーニャーと泣いていたことだけは記憶している。

❹ ふたりのわかいしんしが、すっかりいぎりすのへいたいのかたちをして、ぴかぴかするてっぽうをかついで、しろくまのようないぬをにひきつれて、だいぶやまおくの、このはのかさかさしたところを、あるいておりました。(宮沢健治『注文の多い料理店』)

　　二人の若い紳士が、すっかりイギリスの兵隊のかたちをして、ぴかぴかする鉄砲をかついで、白熊のような犬を二疋つれて、だいぶ山奥の、木の葉のかさかさしたところを、あるいておりました。(원문)

동화이기 때문에 한자 사용을 자제하고 있지만 필요한 부분에 한자를 첨가하고,
⇩　또한 오늘날 사용되는 한자로 고쳤다. 의성어·의태어는 가타카나로 고쳤다.　⇩

　　二人の若い紳士が、すっかりイギリスの兵隊の形をして、ピカピカする鉄砲を担いで、白熊のような犬を二匹連れて、大分山奥の木の葉のカサカサしたところを、歩いておりました。

연습문제 1 해답 예

❺ わたしがせんせいとしりあいになったのはかまくらである。そのときわたしはまだわかわかしいしょせいであった。（夏目漱石『こころ』）

⇩⇩

　　私が先生と知り合いになったのは鎌倉である。その時わたしはまだ若々しい書生であった。

❻ りゅうがくせいたちは、えあこんのでんきだいをせつやくするためまいにちのようにだいがくにでてきておりますが、よるはたいへんだろうとおもいます。さくじつは、まつやまのえんがんぞいで、だいきぼなはなびたいかいがありましたので、あつさをわすれたことだろうとおもいます。

⇩⇩

　　留学生たちは、エアコンの電気代を節約するため毎日のように大学に出てきておりますが、夜は大変だろうと思います。昨日は、松山の沿岸沿いで、大規模な花火大会がありましたので、暑さを忘れたことだろうと思います。

❼ おかやまけんのおーときゃんぷじょうはよくせいびされており、けしきもよく、めとはなのさきにはおんすいぷーるとおんせんがありましたので、まことにじょうけんのよいところでした。これならまた、あきにさいど、きたいものだとねがっています。

⇩⇩

　　岡山県のオートキャンプ場はよく整備されており、景色もよく、目と鼻の先には温水プールと温泉がありましたので、まことに条件のよいところでした。これならまた、秋に再度、来たいものだと願っています。

❽ ことしは、もうしょもなくひかくてきすごしやすいなつだそうです。しかし、あつい。わかいときはこのあつさがたまらなくみりょくてきにかんじたのですが、もうだめです。ただひたすら、あきをまちわびるきょうこのごろです。

⇩⇩

　　今年は、猛暑もなく比較的過ごしやすい夏だそうです。しかし、暑い。若い時はこの暑さが堪らなく魅力的に感じたのですが、もう駄目です。ただひたすら、秋を待ち侘びる今日この頃です。

❾ さいきんはずいぶんさけがよわくなり、しょうちゅういっぽんでよいがまわり、にほんでわれをわすれ、さんぼんのむとそこがねどこです。あさまでそのまま、ねむってしまいます。

⇩⇩

　　最近は随分酒が弱くなり、焼酎一本で酔いが回り、二本で我を忘れ、三本呑むとそこが寝床です。朝までそのまま、眠ってしまいます。

3. 문장에서 사용하는 기호

1 일반적으로 사용하는 기호

알기 쉬운 문장은 한자, 가타카나, 숫자를 적절히 사용했다고 해서 끝나는 문제가 아니다. 일본어문장에서 띄어쓰기를 하지 않는 것은 치명적이고, 단어와 단어와의 경계를 식별할 수 없기 때문에 기호를 사용하지 않는 한, 알기 쉬운 문장은 쓸 수 없다. 또 기호를 사용함으로서 강조나 감정 표현이 가능하다.

원래 일본어문장에는 마침표(。)와 모점(、), 또는 낫표(「 」) 겹낫표(『 』)만이 사용되었지만, 현재는 서양식 기호도 많이 사용되고 있다. 그 중에서도 아래와 같은 기호는 오늘날 일반적으로 사용되는 것들이다.

。	고리점 (丸·終止符)	?	물음표 (疑問符)
、	모점 (点·読点)	!	느낌표 (感嘆符)
・	가운데 점 (中黒)	=	등호 (イコール)
( )	소괄호 (マルカッコ)	ー	붙임표 (ハイフン)
「 」	낫표 (カギカッコ)	……	줄임표 (点線)
『 』	겹낫표 (二重カギカッコ)	、、	방점 (傍点)
< >	홑꺾쇠표 (ヤマカッコ)	:	쌍점 (コロン)
" "	큰따옴표 (引用符)	,	반점, 쉼표 (コンマ)
.	마침표 (ピリオド)		

일본어문장은 원칙적으로는 고리점(。)과 모점(、)을 사용하지만, 가로쓰기에서는 마침표(.)를 사용하는 경우도 있다. 그러나 이때에는 모점(、)이 아니고 반드시 반점(,)을 사용해야 하고 마찬가지로 고리점(。)과 반점(,)의 병용도 안 된다.

물음표(?)나 느낌표(!)는 일본어에서는 원래 사용되지 않았지만 감정을 알기 쉽게 표현하기 위해 오늘날에는 널리 사용되고 있다. 그러나 논술문에서는 사용하지 않는 것이 원칙이다.

2 기호의 올바른 사용법

아래의 예처럼 인명이나 지명이 나열된 경우, 가타카나 혹은 한자를 사용하더라도 띄어쓰기를 하지 않기 때문에 어디부터 어디까지가 한 사람의 이름인지 또는 지명인지 구분하기 어렵다.

カールマルクスアダムスミスチャールズRダウィンの三人が集まって、ソウル大田釜山で会議をした。

이것으로는 외국인 이름이 구별되지 않기 때문에
⇩ 가운데 점(·)을 사이에 넣었다. ⇩

カール·マルクス·アダム·スミス·チャールズ·R·ダウィンの三人が集まって、ソウル·大田·釜山で会議をした。

⇩ 가운데 점(·)만으로는 성과 이름의 구별이 안 되기 때문에 모점(、)을 병용. ⇩

カール·マルクス、アダム·スミス、チャールズ·R·ダウィンの三人が集まって、ソウル、大田、釜山で会議をした。

모점(、)을 많이 사용하면 원래의 모점(、)과 구별이 안 되기 때문에,
대신에 (＝)를 병용한다.
또 한국의 지명을 한자만으로 표기하면, 일본식으로 읽기 때문에
⇩ ( )에 한국어 발음을 가나로 표기했다. ⇩

カール＝マルクス·アダム＝スミス·チャールズ＝R＝ダウィンの三人が集まって、ソウル·大田(テジョン)·釜山(プサン)で会議をした。

아래의 예문 역시 기호를 사용함으로써 알기 쉬운 문장이 된 예이다.

　　学校から帰った時、母が私にノーベル文学賞作家大江健三郎のわれわれの時代を買って来て頂戴と頼んだが、私は宿題があったので、忙しくて行けないと断った。宿題は日本の文化特に江戸の庶民文化についてだった。

⇩　대화 부분을 「　」로 표기하고, 책 이름에는 『　』를 사용했다.　⇩

　　学校から帰った時、母が私に「ノーベル文学賞作家大江健三郎の『われわれの時代』を買って来て頂戴」と頼んだが、私は宿題があったので、「忙しくて行けない」と断った。宿題は日本の文化－特に江戸の庶民文化－についてだった。

※「　」는 대화문 또는 강조하고 싶은 부분을 「　」로 표기한다.
※『　』는 책 이름 등에 또는 「　」안의 「　」에도 사용한다.
※「　」끝의 고리점(。)은 생략하는 것이 원칙이다.

　　×「忙しくて行けない。」と断った。
　　○「忙しくて行けない」と断った。

단 (」) 뒤에 문장이 이어지지 않고, (」)로 끝나는 경우에는 (」) 뒤에 고리점(。)을 찍는다.
　「忙しくて行けない」と断った。
　「忙しくて行けない」。そして、彼は

MEMO

연습문제 2

▶ 적당한 기호를 사용하여 알기 쉬운 문장으로 고치시오.

❶ 中国文献の記事は、和銅5年712年に成立した古事記、養老4年720年に成立した日本書紀の記事の変異形とも考えられる。

　　→

❷ ここでは、もはや天子でも皇帝でもない。まして倭王でもない。ここでは、はっきりと天皇号が使われている。

　　→

❸ 韓国大学全羅北道に位置し70年以上の歴史は、韓国一の学部数を有し、現在私学の名門大学として脚光を浴びています。また、キャンパスには一年中花木蓮連翹桜躑躅榴薔薇が咲き、その美しさは韓国一を誇っています。

　　→

❹ 北電は7月に建屋内で4件の不審火が起きると、工事を一時中断。対策として、監視員を5倍の70人に大幅増員100台以上となる監視カメラの増設作業員を班分けした上での所持品検査強化屋内のトイレに行くときには原則2人行動などを打ち出し、今月3日に不審火対策が整ったとして工事を全面再開した。

　　→

❺ 500円からの卸屋のお試し非常に安い福袋が多数あります。わくわくのお試しお洋服などを選べる500円福袋やカゴバックに扇子で999円の大処分福袋もあります。この時期だから大赤字で詰め込みました。

→

❻ 都の平城京は東西4.3キロメートル、南北4.8キロメートルの広さがあり、ここに10万人から20万人の人が住んでいた。平城京の正門を入ると、はば70メートルもある大通りが北にのび、その先には、宮殿や、役所などが集まる平城宮があった。協力奈良国立文化財研究所

→

❼ 上半身はうすい藍色の衣をはおり、その上から背子とよぶベストを重ねる。その上にスカートのような裳をはき、帯でとめ、つま先にかざりのついた浅沓をはき、肩から領巾というショールをかける。撮影協力猪熊兼勝

→

❽ けんぽうかいせいのてつづきをさだめたこくみんとうひょうほうのせいりつなどをにらみ、せかいにほこるべきへいわけんぽうのじゅんしゅをうったえた。さらに、べいこくのじだいおくれであやまったせいさくにはんたいし、のうというべきだとしゅちょうした。また、ぜんこくへいきんねんれいがななじゅうよんてんろくさいになるひばくしゃへのえんごのじゅうじつをもとめた。

→

연습문제 2

❾ にほんぐんのいあんふもんだいでべいかいんがにほんせいふにこうしきなしゃざいをもとめるけつぎをしちがつまつにさいたくしたあともべいこくはこのもんだいへのついきゅうかんしをおこたらないとのべた。

→

❿ にほんのやすくにはがいこうのはたんをしょうちょうてきにしめしたのはべいかいんがしちがつさんじゅうにちにさいたくしたいあんふもんだいでにほんせいふにこうしきなしゃざいをもとめるけつぎでした。

→

연습문제 2 해답 예

※작문의 경우, 절대적인 해답은 없다. 즉 [해답 예]와 다른 [해답]도 존재한다.

▶ 적당한 기호를 사용하여, 알기 쉬운 문장으로 고치시오.

❶ 中国文献の記事は、和銅5年712年に成立した古事記、養老4年720年に成立した日本書紀の記事の変異形とも考えられる。

⇩ 원호(元号)는 일반적으로 한자숫자를 사용한다. ⇩

中国文献の記事は、和銅五年(712年)に成立した古事記、養老四年(720年)に成立した日本書紀の記事の変異形(バリアント)とも考えられる。

❷ ここでは、もはや天子でも皇帝でもない。まして倭王でもない。ここでは、はっきりと天皇号が使われている。

⇩ 반드시 식별해야 하는 단어로써 「 」를 사용 ⇩

ここでは、もはや「天子」でも「皇帝」でもない。まして「倭王」でもない。ここでは、はっきりと「天皇」号が使われている。

❸ 韓国大学全羅北道に位置し70年以上の歴史は、韓国一の学部数を有し、現在私学の名門大学として脚光を浴びています。また、キャンパスには一年中花木蓮連翹桜躑躅榴薔薇が咲き、その美しさは韓国一を誇っています。

꽃 이름을 단순히 나열하면, 어디부터 어디까지가 하나의 꽃인지 식별할 수 없다.
또「全羅北道に位置し70年以上の歴史」는「韓国大学」을 설명하는 것으로
⇩ ( )에 넣었다. 또한 꽃 종류는 ―으로 식별할 수 있도록 했다. ⇩

韓国大学(全羅北道に位置し70年以上の歴史)は、韓国一の学部数を有し、現在私学の名門大学として脚光を浴びています。また、キャンパスには一年中花―木蓮・連翹・桜・躑躅・薔薇―が咲き、その美しさは韓国一を誇っています。

⇩ 꽃 이름 한자가 어렵기 때문에 가타카나로 바꿨다. ⇩

　　韓国大学(全羅北道に位置し70年以上の歴史)は、韓国一の学部数を有し、現在私学の名門大学として脚光を浴びています。また、キャンパスには一年中花－木蓮・レンギョ・桜・ツツジ・バラ－が咲き、その美しさは韓国一を誇っています。

❹ 北電は7月に建屋内で4件の不審火が起きると、工事を一時中断。対策として、監視員を5倍の70人に大幅増員100台以上となる監視カメラの増設作業員を班分けした上での所持品検査強化屋内のトイレに行くときには原則2人行動などを打ち出し、今月3日に不審火対策が整ったとして工事を全面再開した。

⇩ 대책의 내용을 구별하기 위해 ①②③④와 모점을 병행했다. ⇩

　　北電は7月に建屋内で4件の不審火が起きると、工事を一時中断。対策として、①監視員を5倍の70人に大幅増員、②100台以上となる監視カメラの増設、③作業員を班分けした上での所持品検査強化、④屋内のトイレに行くときには原則2人行動、以上などを打ち出し、今月3日に「不審火対策が整った」として工事を全面再開した。

❺ 500円からの卸屋のお試し非常に安い福袋が多数あります。わくわくのお試しお洋服などを選べる500円福袋やカゴバックに扇子で999円の大処分福袋もあります。この時期だから大赤字で詰め込みました。

⇩ 긴 설명을 임팩트 있는 명사문장으로 고치고 기호를 많이 사용했다. ⇩

　　500円～の卸屋のお試し激安福袋多数！ワクワクのお試しお洋服…etc選べる500円福袋やカゴBAG＋扇子で999円の大処分福袋も！この時期だから大赤字で詰め込み！

이것은 광고문이기 때문에 기호를 많이 사용하고 있다.
⇩ 보통의 문장에서는 기호를 지나치게 많이 사용하지 않는 것이 좋다. ⇩

연습문제 2 해답 예

500円からの卸屋のお試し「激安福袋」が多数あります。ワクワクのお試しお洋服などを選べる「500円福袋」やカゴバックに扇子で999円の「大処分福袋」もあります。この時期だから大赤字で詰め込みました。

❻ 都の平城京は東西4.3キロメートル、南北4.8キロメートルの広さがあり、ここに10万人から20万人の人が住んでいた。平城京の正門を入ると、はば70メートルもある大通りが北にのび、その先には、宮殿や役所などが集まる平城宮があった。協力奈良国立文化財研究所

⇩ 가로쓰기의 경우 단위를 가타카나로 쓰지 않는 것이 좋다. ⇩

都の平城京は東西4.3㎞、南北4.8㎞の広さがあり、ここに10万人〜20万人の人が住んでいた。平城京の正門を入ると、はば70mもある大通りが北にのび、その先には、宮殿や役所などが集まる平城宮(へいじょうきゅう)があった。(協力：奈良国立文化財研究所)

❼ 上半身はうすい藍色の衣をはおり、その上から背子とよぶベストを重ねる。その上にスカートのような裳をはき、帯でとめ、つま先にかざりのついた浅沓をはき、肩から領巾というショールをかける。撮影協力猪熊兼勝

⇩ 읽기 어려운 한자에는 가나를 덧붙였다. ⇩

上半身はうすい藍(あい)色の衣(きぬ)をはおり、その上から背子(はいし)とよぶベストを重ねる。その上にスカートのような裳(も)をはき、帯でとめ、つま先にかざりのついた浅沓(あさぐつ)をはき、肩から領巾(ひれ)というショールをかける。(撮影協力：猪熊兼勝)

❽ けんぽうかいせいのてつづきをさだめたこくみんとうひょうほうのせいりつなどをにらみ、せかいにほこるべきへいわけんぽうのじゅんしゅをうったえた。さらに、べいこくのじだいおくれであやまったせいさくにはんたいし、のうというべきだとしゅちょうした。また、ぜんこくへいきんねんれいがななじゅうよんてんろくさいになるひばくしゃへのえんごのじゅうじつをもとめた。

⇩ 우선 한자로 고쳤다. ⇩

憲法改正の手続きを定めた国民投票法の成立などをにらみ、世界に誇るべき平和憲法の順守を訴えた。さらに、米国の時代遅れで誤った政策に反対し、Noと言うべきだと主張した。また、全国平均年齢が74.6才になる被爆者への援護の充実も求めた。

⇩ 기호를 첨가했다. ⇩

憲法改正の手続きを定めた「国民投票法」の成立などをにらみ、「世界に誇るべき平和憲法の順守」を訴えた。さらに、「米国の時代遅れで誤った政策に反対し、『No！』と言うべきだ」と主張した。また、全国平均年齢が74.6才になる被爆者への援護の充実も求めた。

❾ にほんぐんのいあんふもんだいでべいかいんがにほんせいふにこうしきなしゃざいをもとめるけつぎをしちがつまつにさいたくしたあともべいこくはこのもんだいへのついきゅうかんしをおこたらないとのべた。

⇩ 기호를 첨가했다. ⇩

日本軍の「慰安婦」問題で米下院が日本政府に公式な謝罪を求める決議を7月末に採択した後も、米国はこの問題への追及・監視を怠らないと述べた。

연습문제 2 해답 예

❿ にほんのやすくにはがいこうのはたんをしょうちょうてきにしめしたのはべいかいんがしちがつさんじゅうにちにさいたくしたいあんふもんだいでにほんせいふにこうしきなしゃざいをもとめるけつぎでした。

⇩ 아래는 모점(、)을 새로 찍었다. ⇩

　日本の靖国派外交の破綻を象徴的に示したのは、米下院が7月30日に採択した慰安婦問題で日本政府に公式な謝罪を求める決議でした。

⇩ 기호를 첨가했다. ⇩

　日本の「靖国派」外交の破綻を象徴的に示したのは、米下院が7月30日に採択した「慰安婦」問題で「日本政府に公式な謝罪を求める」決議でした。

MEMO

4. 원고지 작성 요령

일본에서 논술시험은 원고지에 쓰는 것이 원칙이다. 때문에 원고지 작성요령을 소홀히 하지 않도록 주의해야 한다. 또 세로쓰기가 원칙인 것도 잊어서는 안 된다. 그러나 최근에는 가로쓰기가 많아지고, 특히 외국인 수험자를 대상으로 가로쓰기가 허용되는 경우도 많아졌다. 또 한국에서 행해지는 일본어 논술시험은 가로쓰기가 원칙이다.

〈세로쓰기의 예〉

		ヨーク……。	母はちょっとニューヨー	よく言っていました。	私に「健康が一番」と	oへ行きました。母は	ALに乗ってToky	私は、一九九六年K

〈가로쓰기의 예〉

私	は	、	19	96	年	K	A	L	に	乗	っ	て	To	ky
o	へ	行	き	ま	し	た	。	母	は	私	に	「	健	康	が
一	番	」	と	よ	く	言	っ	て	い	ま	し	た	。		
	母	は	ち	ょ	っ	と	ニ	ュ	ー	ヨ	ー	ク	…	…	。

1 원칙

(1) 일반원칙(세로쓰기)

① 다음의 문자, 기호는 원칙적으로 한 칸에 넣는다.

　a. 각 문자, っ・ゃ・ゅ・ょ・ー 등의 撥音, 拗音, 長音, 고리점(。), 모점(、), 가운데 점(・)은 원칙적으로 한 칸에 넣는다.

　b. ( ), 「　」, 『　』, " " 등의 괄호는 열고 닫는 것에 관계없이, 원칙적으로 모두 한 칸에 넣는다.

　c. (！), (？), (…), (─)은 원칙적으로 한 칸에 넣고, 여기에 이어서 문장을 쓸 경우에는 한 칸을 띄우고 쓴다. (과거에는 이어서 썼다.)

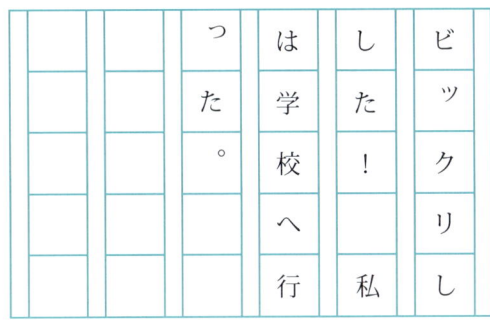

　d. (々), (〃) 등의 반복 기호는 원칙적으로 한 칸에 넣는다.

② 고리점(。)이나 모점(、), 닫는 괄호(}, 」, 』,), ＞) 등이 줄의 첫 자리에 오는 것을 피한다. 줄의 첫 자리에 올 경우에는, 앞줄의 마지막 문자와 같은 칸에 넣거나 칸 밖에 쓴다. 단, 문제에 '구두점도 글자 수로 센다'는 지시가 있을 경우에는 그대로 다음 줄 첫 자리로 보낸다. 반대로 여는 괄호({, 「, 『, (, ＜) 등이 줄 끝에 오는 경우는, 마지막 한 칸을 그대로 비우고 다음 줄 첫 자리로 보낸다.

③ 괄호 안의 문말에 고리점(。)은 찍지 않아도 된다.

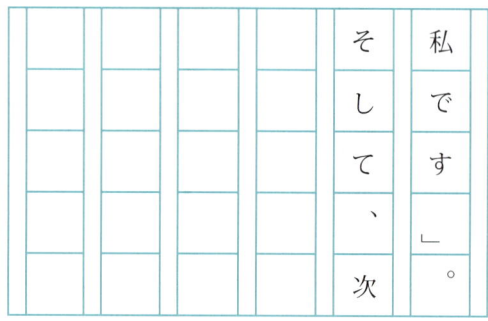

단, 괄호의 문장을 독립문으로 하고, 그 뒤에 별도의 문장을 계속 쓸 경우에는 괄호를 닫고 그 뒤에 고리점(。)을 찍는다.

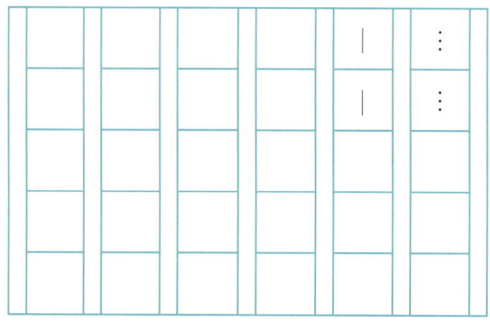

④ 줄임표(……)와 붙임표(— —)는 두 칸 사용한다. 줄임표는 한 칸에 세 개씩 넣는다.

⑤ 단락의 시작은 한 칸을 띄운다. 회화가 이어지는 경우에는, 한 사람의 발언 시작마다 한 칸 띄우고 시작한다.

⑥ 모점(、), 고리점(。)이 줄 첫 자리에 올 때에는, 앞줄 마지막 칸 밖에 쓰든지, 마지막 칸에 함께 넣는다.

⑦ 세로쓰기의 경우 모점(、), 고리점(。) や・ゆ・よ・っ은 칸 안의 오른쪽 위에 쓰고, 가로쓰기의 경우는 칸 안의 왼쪽 아래에 쓴다.

〈세로쓰기〉   〈가로쓰기〉

(2) 가로쓰기에서 특히 주의 할 점.
① 알파벳은 한 칸에 두 글자씩 활자체로 쓸 것.
　단, NHK, KAL 등의 약어는 모두 한 칸에 한 자씩 쓴다.
② 계산용 숫자는 한 칸에 두 글자씩 넣는다.

2 숫자 쓰는 법

(1) 세로쓰기
① 세로쓰기의 경우에는 한자 숫자를 사용하고, 한 칸에 한 자씩 넣는 것이 원칙이다.
② 보통은 단위어(十、百、千、万、億、兆、京)를 붙이지만, 큰 숫자에서는 네 자리마다(万、億、兆、京)만 붙이는 것이 읽기 쉽다.

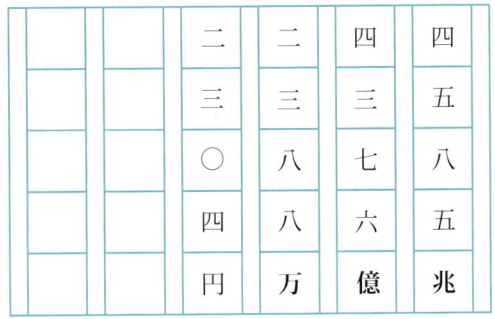

단, 다음의 경우에는 단위어를 생략한다.

*서력 - 하지만 元号年에는 단위를 붙인다.

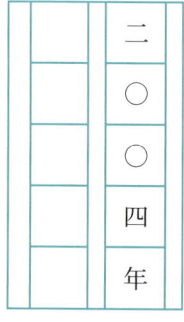

*번지

*환율

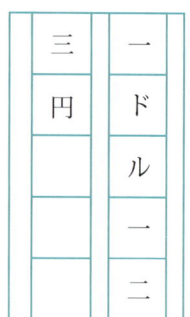

*위도・경도

*기압

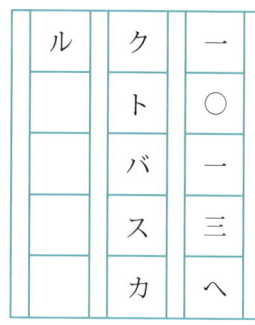

*백분율

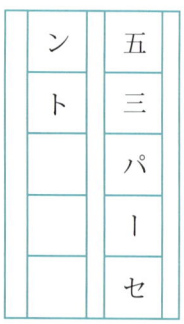

*소음

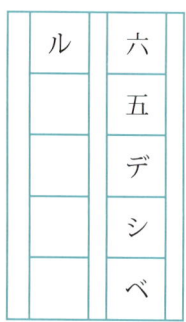

*표고

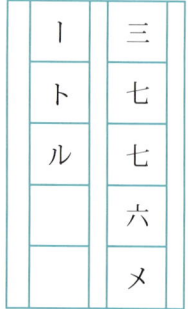

③ 예외적으로 다음의 경우에는 산수용 숫자를 이용한다.
  - 전화번호, 자동차번호, 국도번호

(2) 가로쓰기

① 가로쓰기에서는 산수용 숫자를 사용하는 것이 원칙.

② 산수용 숫자를 사용해서는 안 되는 경우.

  ＊和語(大和言葉)의 숫자   (예：一つ、二つ ／ 一月(ひとつき)、二月(ふたつき))
  ＊고유명사   (예：八ケ岳、九十九里浜、八日市)
  ＊관용어   (예：うそ八百、一般的、一昨日、四六時中)
  ＊개산숫자   (예：数日、数年、数百人、何十人、何億円、幾万)

③ 과거에는 네 자리마다 끊었지만, 오늘날에는 특별한 경우를 제외하고는 세 자리마다 끊는 것이 원칙이다.

〈3자리 끊기 - 30,123,456,702円〉

〈4자리 끊기 - 301,2345,6702円〉

수의 단위를 나타내는 (,)나 (.)는 숫자와 마찬가지로 한 칸에 숫자와 함께 넣는다.

연습문제 3

▶ 다음 문장을 원고지에 쓰시오.

❶　気の遠くなるような広い中国の大地。この中国大陸をくまなく網羅する鉄道は、距離にして約五万キロメートル、地球を軽く一周してなおあまる長さだ。
　　旅行者がよく利用する列車のひとつ。北京ー広州間二千三一三キロメートル約四十八時間の旅行だ。

〈세로쓰기〉

❷　気の遠くなるような広い中国の大地。この中国大陸をくまなく網羅する鉄道は、距離にして約5万km、地球を軽く一週してなおあまる長さだ。

　旅行者がよく利用する列車のひとつ。北京ー広州間2,313km約48時間の旅行だ。

〈가로쓰기〉

연습문제 3 해답 예

※작문의 경우, 절대적인 해답은 없다. 즉 [해답 예]와 다른 [해답]도 존재한다.

▶ 다음 문장을 원고지에 쓰시오.

❶   気の遠くなるような広い中国の大地。この中国大陸をくまなく網羅する鉄道は、距離にして約五万キロメートル、地球を軽く一周してなおあまる長さだ。
　　旅行者がよく利用する列車のひとつ。北京ー広州間二千三一三キロメートル約四十八時間の旅行だ。

〈세로쓰기〉

気の遠くなるような広い中国の大地。この中国大陸をくまなく網羅する鉄道は、距離にして約五万キロメートル、地球を軽く一周してなおあまる長さだ。
　旅行者がよく利用する列車のひとつ。北京ー広州間二千三一三キロメートル約四十八時間の旅行だ。

❷ 気の遠くなるような広い中国の大地。この中国大陸をくまなく網羅する鉄道は、距離にして約5万km、地球を軽く一週してなおあまる長さだ。
　旅行者がよく利用する列車のひとつ。北京ー広州間2,313km約48時間の旅行だ。

〈가로쓰기〉

	気	の	遠	く	な	る	よ	う	な	広	い	中	国	の	大
地	。	こ	の	中	国	大	陸	を	く	ま	な	く	網	羅	す
る	鉄	道	は	、	距	離	に	し	て	約	5	万	km	、	地
球	を	軽	く	一	周	し	て	な	お	あ	ま	る	長	さ	だ
	旅	行	者	が	よ	く	利	用	す	る	列	車	の	ひ	と
つ	。	北	京	ー	広	州	間	2,	31	3	km	約	48	時	間
の	旅	行	だ	。											

5. 수식어의 순서

여기서는 모점(、)의 도움을 받지 않고 수식어의 순서를 바꾸는 것으로 알기 쉬운 문장을 작성하는 방법에 대해 설명한다.

1 일반 원칙

(1) 수식어는 피수식어 앞에, 가까이에 둔다
당연한 것처럼 생각되겠지만 길고 복잡한 문장에서 자주 볼 수 있는 잘못이다.

ある日雨が降っていた私は確かに道のむこうを歩いている犯人を目撃した。

⇩ 「ある日」의 수식어가 「雨が降っていた」, 그리고 주어와 술어를 붙였다. ⇩

雨が降っていたある日道のむこうを歩いている犯人を確かに私は目撃した。

⇩ 모점(、)을 넣어 더욱 알기 쉽게 한다. ⇩

雨が降っていたある日、道のむこうを歩いている犯人を、確かに私は目撃した。

多くの韓民族は五千年の歴史を持つ世界に誇る文化遺産をもっている。

⇩ 「五千年の歴史を持つ」는 「韓民族」를 수식하고, ⇩
「多くの」는 「文化遺産」를 수식한다.

五千年の歴史を持つ韓民族は世界に誇る多くの文化遺産を持っている。

⇩ 모점(、)을 넣어 더욱 알기 쉽게 한다. ⇩

五千年の歴史を持つ韓民族は、世界に誇る多くの文化遺産を持っている。

그러나 길고 복잡한 문장에서 수식어를 피수식어 앞에 놓는 것만으로 알기 쉬운 문장이 되는 것은 아니다. 문제는 복수의 수식어의 순서다.

(2) 주어와 술어를 가능한 가까이에 둔다

아래의 예는 극단적인 경우지만, 주어와 술어가 너무 떨어져 난해하다.

私は小林が中村が鈴木が死んだ現場にいたと証言したのかと思った。

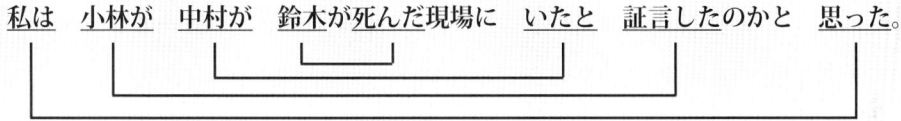

⇩ 술어를 주어 뒤에 놓으면 알기 쉬운 문장이 된다. ⇩

鈴木が死んだ現場に中村がいたと小林が証言したのかと私は思った。

⇩ 아래 문장은「私は」를 처음에 놓기 위해 모점(、)을 사용한 예 ⇩

私は、鈴木が死んだ現場に中村がいたと小林が証言したのかと思った。

私は山の上にいる友達に下りてくるように合図した。

私は　山の上に　いる　友達に　下りてくるように　合図した。

⇩ 내가 산 위에 있다고 착각하게 된다. 때문에 단순하게 주어와 술어를 붙였다. ⇩

山の上にいる友達に下りてくるように私は合図した。

⇩「私は」를 처음에 넣기 위해 모점(、)을 사용한 예 ⇩

私は、山の上にいる友達に下りてくるように合図した。

⇩ 주어와 술어를 붙여서 두 개의 문장으로 만든 예 ⇩

私が合図した。山の上にいる友達に下りてくるように。

2 수식어가 긴 순서로 나열한다

일반원칙은 어디까지나 원칙이다. 예를 들면 주어와 술어를 가까이 두는 것은 경우에 따라서는 오히려 읽기 어려운 문장이 된다. 다음의 예를 보자.

学校で私の小学校からの友人である山田太郎君が怪我をした。

위의 문장은 주어가 「山田太郎君」이고 술어가 「怪我をした」이다. 그러나 수식하는 단어까지 포함하면 「私の小学校からの友人である山田太郎君が」가 하나가 되고, 따라서 「学校で」보다 더 길어지기 때문에 이 경우에는 '주어와 술어를 가까이에'라는 원칙을 지키지 않아야 읽기 쉬운 문장이 된다.

私の小学校からの友人である山田太郎君が学校で怪我をした。

문장이 긴 경우 반드시 주어와 술어를 붙일 필요는 없다.

문제는 수식어의 순서이다. 물론 주장하고 싶은 순서가 있겠지만, 여기서는 알기 쉬운 문장이라는 점에 초점을 맞춰 설명하기로 한다. 또, 여기서 말하는 수식어와 피수식어라는 것은 주어와 술어의 관계도 포함된다.

(1) 句를 먼저, 詞를 나중으로 한다

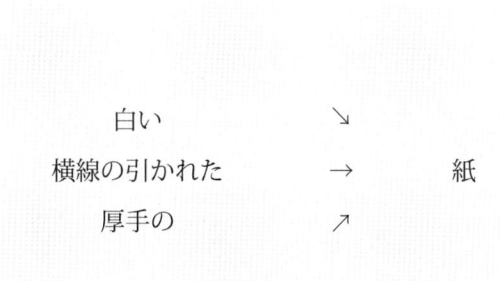

① 白い横線の引かれた厚手の紙。
② 白い厚手の横線の引かれた紙。
③ **横線の引かれた白い厚手の紙。**
④ **横線の引かれた厚手の白い紙。**
⑤ 厚手の白い横線の引かれた紙。
⑥ 厚手の横線の引かれた白い紙。

위의 예는「紙」를 수식하는 것으로 句「横線の引かれた」와 詞「白い」,「厚手の」세 개가 있다. 여기서 詞「白い」,「厚手の」를 앞에 배치한 ①, ②, ⑤, ⑥의 경우「白い」,「厚手の」가「紙」를 수식하기 전에「横線」을 수식하고 있다고 착각해서「白い横線」,「厚手の横線」으로 잘못 읽을 우려가 있다. 그러나 句「横線のひかれた」를 앞에 배치한 ③, ④는 잘못 읽을 우려가 없이 알기 쉬운 문장이 된다.

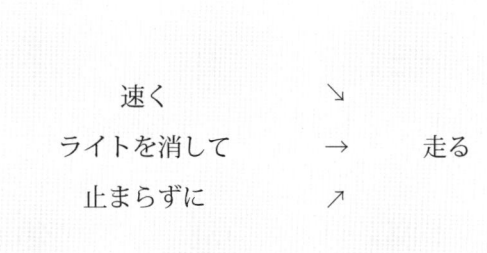

① 速くライトを消して止まらずに走る。
② 速く止まらずにライトを消して走る。
③ ライトを消して速く止まらずに走る。
④ **ライトを消して止まらずに速く走る。**
⑤ 止まらずに速くライトを消して走る。
⑥ **止まらずにライトを消して速く走る。**

위의 예는「走る」를 수식하는 것으로 詞「速く」와 句「ライトを消して」,「止まらずに」세 개가 있다. 여기서 詞「速く」를 앞에 배치한 ①, ②, ③, ⑤의 경우「ライトを消して」,「止まらずに」가「走る」를 수식하기 전에「速く」가「ライトを消して」,「止まらずに」를 수식하고 있다고 착각하고,「速くライトを消せ」,「速く止まるな：ゆっくりと止まれ」로 잘못 읽을 우려가 있다. 그러나 詞「速く」를 뒤에 배치한 ④, ⑥은 잘못 읽을 우려가 없는 알기 쉬운 문장이 된다.

(2) 수식어가 길수록 앞에, 짧을수록 뒤에 둔다

간단히 말하면 **긴 수식어부터 먼저 쓰라는 것**이다. 이것은 아름다운 문장이라고는 할 수 없지만 알기 쉬운 문장인 것은 분명하다. 이 순서를 반대로 해야 하는 경우도 있다. 이때는 모점(、)을 사용하는데, 이에 대해서는 나중에 설명한다.

아래의 경우, 수식어의 길이가 같으므로 순서를 어떻게 바꿔도 문제는 없다.

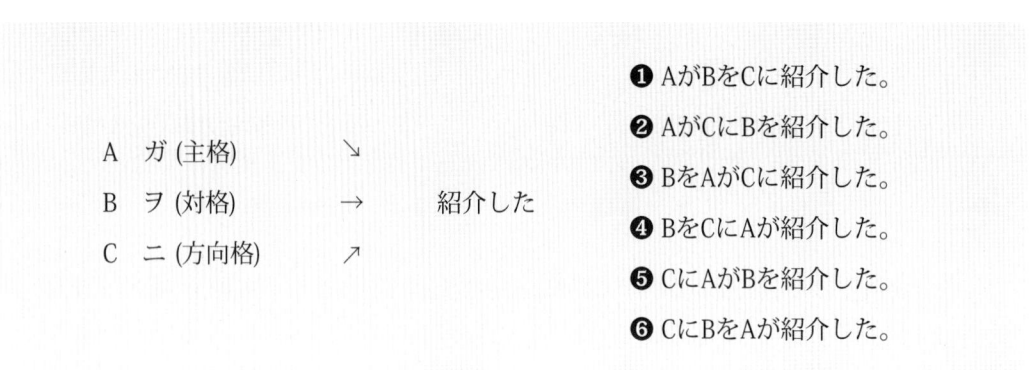

그러나 다음과 같이 수식어의 길이가 다를 경우, 수식어의 순서에 따라 문장의 이해도는 상당히 달라진다.

A → A / B → 私がふるえるほど大嫌いなB / C → 私の親友C

① Aが私がふるえるほど大嫌いなBを私の親友のCに紹介した。
② Aが私の親友のCに私がふるえるほど大嫌いなBを紹介した。
③ 私がふるえるほど大嫌いなBをAが私の親友のCに紹介した。
④ **私がふるえるほど大嫌いなBをわたしの親友のCにAが紹介した。**
⑤ 私の親友のCにAが私がふるえるほど大嫌いなBを紹介した。
⑥ 私の親友のCに私がふるえるほど大嫌いなBをAが紹介した。

④가 가장 알기 쉬운 문장이라고 할 수 있다. 그러나 여기서 무엇을 강조하는가에 따라 순서가 다를 경우가 있다. 이때는 역시 모점(、)의 도움이 필요하다.

예를 들면 'A'가 소개한 것을 강조하고 싶으면 다음과 같이 된다.

Aが私がふるえるほど大嫌いなBを私の親友のCに紹介した。

> 여기서 길이라는 것은 음절수가 아니고 글자 수를 의미한다. 문장은 회화처럼 소리로 인식하는 것이 아니고 눈으로 인식하기 때문이다. 예를 들면 음절수로 「東京」는 「とうきょう」로 4음절, 「滋賀」는 「しが」로 2음절로 인식되어 두 단어의 길이는 다르다. 그러나 이것을 문자로 쓰면 사정은 달라진다. 히라가나로는 음절수가 다르지만 한자로는 「東京」와 「滋賀」는 모두 두 자로 눈으로는 같은 길이로 식별된다.

여기서 수식어의 순서를 길이 순으로 나열한 예문을 제시하면 다음과 같다.

非常にわたしは80年代になると63ビルなどの高層ビルがニューヨークや他の大都市のようにソウルの街に立ち並び発展していく様子に驚いた。

위의 문장을 분석해 보면 다음과 같다.

```
ニューヨークや他の大都市のように      ↘
63ビルなどの高層ビルが             ↘
80年代になると                  ↘
ソウルの街に              →   立ち並び発展していく様子に   ↘
                            わたしは                ↘
                            非常に            →   驚いた
```

수식어 「様子に」, 「わたしは」, 「非常に」를 피수식어 「驚いた」가 받는 구조이다. 이 때문에 「驚いた」를 수식하는 「ニューヨークや他の大都市のように63ビルなどの高層ビルが80年代になるとソウルの街に立ち並び発展していく様子に」, 「わたしは」, 「非常に」를 긴 것부터 순서대로 나열하면 알기 쉬운 문장이 된다.

[『ニューヨークや他の大都市のように』『63ビルなどの高層ビルが』『80年代になると』『ソウルの街に』立ち並び発展していく様子に］［わたしは］［非常に］　驚いた。

⇩

　　ニューヨークや他の大都市のように63ビルなどの高層ビルが80年代になるとソウルの街に立ち並び発展していく様子にわたしは非常に驚いた。

이와 같이 긴 문장도 모점(、)의 힘을 빌리지 않아도, 수식어가 긴 순서로 나열하면 상당히 알기 쉬운 문장이 되는 것을 알 수 있다.

(3) 수식어의 길이가 같으면 중요한 것을 먼저

太郎が　　　↘
薬指を　　　→　　　怪我をした
短刀で　　　↗

① 太郎が薬指に短刀で怪我をした。
② 太郎が短刀で薬指を怪我をした。
③ 薬指を太郎が短刀で怪我をした。
④ 薬指を短刀で太郎が怪我をした。
⑤ 短刀で太郎が薬指を怪我をした。
⑥ 短刀で薬指を太郎が怪我をした。

이에 대한 답은 없다. 무엇을 강조하고 싶은가에 따라 순서는 다르다. 즉, '太郎'가 상처 난 것이 중요하면 ①, ②, 또는 太郎가 피아니스트여서 '薬指'에 상처 난 것이 중요하면 ③, ④다. 또, 강조하고 싶은 것이 없으면 주어를 처음에 배치한 ①, ②가 일반적이다.

3 절대적 순서

이것은 '수식어가 긴 순으로 나열한다'는 원칙에 반대되는 것으로, 예외라고 할 수 있는 경우이다.

(1) 절대원칙

가족을 소개하는 경우 윗사람부터 쓰는 것이 원칙이고, 이와 같이 절대적인 순서가 정해져 있는 경우에는 모점(、)을 사용할 수밖에 없다.

　　ひげの父と母とスポーツマンの兄と姉ととても可愛い目をした弟と二人の妹と私の八人家族です。

　　⇩　수식어가 긴 순서의 원칙에 따른 경우　⇩

　　とても可愛い目をした弟とスポーツマンの兄とひげの父と二人の妹と母と姉と私の八人家族です。

　　⇩　그러나 일반적으로 연장자부터 쓰는 것이 절대원칙으로,　⇩
　　　　이 경우에는 긴 수식어 순서 원칙에 따라서는 안 된다.

　　ひげの父と、母と、スポーツマンの兄と、姉と、とても可愛い目をした弟と、二人の妹と私の八人家族です。

　　⇩　「と」를 제거하였고, 나열이 너무 많아 마지막에「そして」를 첨가했다.　⇩

　　ひげの父、母、スポーツマンの兄、姉、とても可愛い目をした弟と、二人の妹、そして私の八人家族です。

마찬가지로「사망자 → 중상자 → 경상자」나, 지명을 쓸 경우라도 같은 지역을 기준으로 나열하는 것이 알기 쉬운 문장이 된다. 또는 북쪽부터 혹은 동쪽부터, 알파벳순으로 등 절대적인 순서가 있을 경우 그에 따르는 것이 원칙이다.

韓国・ドイツ・ブラジル・日本・フランス・アメリカ・中国

⇩

韓国・中国・日本、イギリス・ドイツ・フランス、アメリカ・ブラジル

(2) 단어와 단어의 친밀도에 의해 순서가 정해진다

気分転換のために一度どこか遠くへ旅をするのもよい。

```
気分転換のため         ↘
一度                   ↘
どこか遠くへ     →              旅をするのもよい。
```

「気分転換のため」,「一度」,「どこか遠くへ」를 「旅をするのもいい」가 받고 있기 때문에 「수식어가 긴 순서」의 원칙에 따르면,

気分転換のためどこか遠くへ一度旅をするのもよい。

라고 써야 하지만 「どこか遠くへ」 다음에 오는 말로 「行く」, 「旅をする」가 먼저 떠오를 것이다. 그만큼 「どこか遠く」와 「旅をする」는 친밀도가 높은 단어다. 이 때문에 이 두 단어를 띄어서 쓰면 부자연스러움을 느낄 것이다. 이 경우에는 원칙을 무시하고 아래의 예문처럼 쓰는 것이 자연스럽다.

気分転換のため一度どこか遠くへ旅をするのもよい。

MEMO

연습문제 4

▶ 모점이나 그 밖의 기호를 사용하지 않고, 아래 문장의 배열을 바꿔 알기 쉬운 문장으로 고치시오.

❶ 尊い7000人近い人命が神戸大震災の時ビルや家屋の倒壊または火事などで失われた。

→

❷ 2千人のボランティアが地震で避難している人の世話をするために東京から神戸に行った。

→

❸ 私は昨日から自動車を毎月五千台生産している大きな工場で働くことになった。

→

❹ 赤ん坊を抱いた若いお母さんは泥棒が住民が良く出て困っている住宅街に住んでいる。

→

❺ ……プロパンガスが爆発して4人が重傷、三十二人が飛び散ったガラスの破片などで1－2週間のけがをした。(「朝日新聞」1974年10月2日夕刊による)

→

❻ 大気汚染研究所に勤務している山田さんは最近特に大気汚染が激しくなったアマゾン流域の調査に出かけた。

→

⑦ 凶暴な夜行性の動物が人は夜になると暗黒の森の中で活動を始めるのに気付かないでぐっすりと寝てしまうので危険だ。

→

⑧ ある判事が裁定役に選ばれたが、その判事が両派ともどちら側に有利な判定を下すか確信がもてなかった。

→

⑨ 背の高いスポーツマンタイプの日本語の難しいそうな分厚い本を持った大学生。

→

⑩ 生命の活力を冬の寒さに震えていた大地に春の訪れが呼び起こした。

→

⑪ 2時間ほど大きな山本さんの家にある室内プールで準備体操をして泳いだ。

→

⑫ 高名な豪邸を構えている一等地に医者がいた。

→

⑬ 私は2時間も長いゴツゴツした道を小さな山の上にある家を目指して歩き続けている。

→

연습문제 4

⑭ すでに２時間以上白い波が立つ東シナ海を戦前の旧式の漁船に乗って暖かい鮮やかな青い色をした空が広がる南の島に向かって走った。

→

⑮ 長い歴史と美しいキャンパスを持つ旧裡里市現在の益山市の中央に位置する韓国大学は着実に全羅北道地方と共に発展してきました。

→

⑯ のんびり演歌を聞きながら育った最近のロックなどの音楽はうるさくテンポが早く全く私たちのような年寄りには分からない。

→

⑰ 彼の目には目の前に広がる紅葉で真っ赤に染まった山々に真っ赤な夕日が落ち山と空が一体となり血の真っ赤な海のように見えた。

→

연습문제 4 해답 예

※작문의 경우, 절대적인 해답은 없다. 즉 [해답 예]와 다른 [해답]도 존재한다.

▶ 모점이나 그 밖의 기호를 사용하지 않고, 아래 문장의 배열을 바꿔 알기 쉬운 문장으로 고치시오.

❶ 尊い7000人近い人命が神戸大震災の時ビルや家屋の倒壊または火事などで失われた。

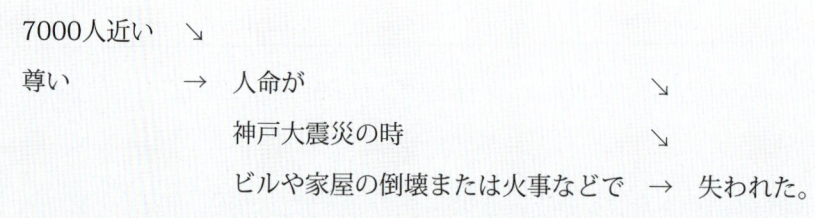

「人命が」, 「時」, 「などで」를 「失われた」가 받는 구성이다.
「失われた」를 수식하는 「ビルや家屋の倒壊または火事などで」,
「7000人近い尊い人命が」, 「神戸大震災の時」를 순서대로 나열하면 된다.

ビルや家屋の倒壊または火事などで7000人近い尊い人命が神戸大震災の時失われた。

❷ 2千人のボランティアが地震で避難している人の世話をするために東京から神戸に行った。

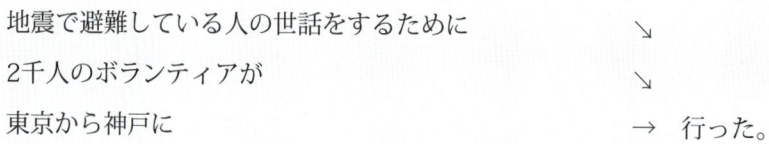

「ために」, 「ボランティアが」, 「神戸に」를 「行った」가 받는 구성이다.
「行った」를 수식하는 「地震で避難している人の世話をするために」,
「2千人のボランティアが」, 「東京から神戸に」를 긴 순서로 나열하면 된다.

地震で避難している人の世話をするために2千人のボランティアが東京から神戸に行った。

❸ 私は昨日から自動車を毎月五千台生産している大きな工場で働くことになった。

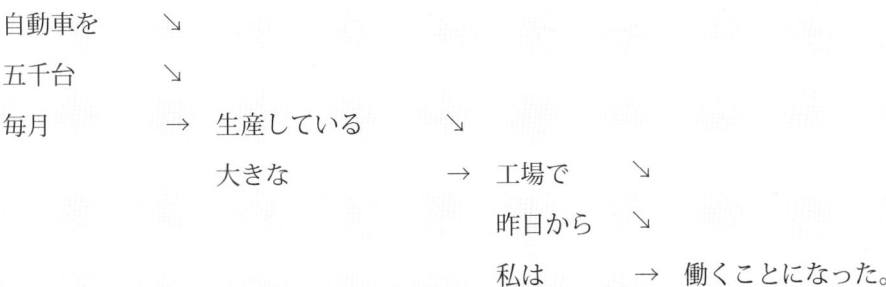

「工場で」, 「昨日から」, 「私は」를 「働くことになった」가 받는 구성이다.
「働くことになった」를 수식하는 「自動車を五千台毎月生産している大きな工場で」,
「昨日から」, 「私は」를 긴 순서로 나열하면 된다.

自動車を五千台毎月生産している大きな工場で昨日から私は働くことになった。

❹ 赤ん坊を抱いた若いお母さんは泥棒が住民が良く出て困っている住宅街に住んでいる。

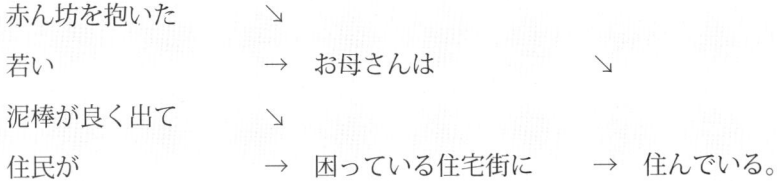

「お母さん」, 「住宅街に」를 「住んでいる」가 받는 구성이다.
「住んでいる」를 수식하는 「泥棒が良く出て住民が困っている住宅街に」,
「赤ん坊を抱いた若いお母さんは」를 긴 순서로 나열하면 된다.

泥棒が良く出て住民が困っている住宅街に赤ん坊を抱いた若いお母さんは住んでいる。

연습문제 4 해답 예

❺ ……プロパンガスが爆発して4人が重傷、三十二人が飛び散ったガラスの破片などで1－2週間のけがをした。(「朝日新聞」1974年10月2日夕刊による)

　　……プロパンガスが爆発して　　　↘
　　飛び散ったガラスの破片などで　→　4人が重傷
　　　　　　　　　　　　　　　　　　32人が1－2週間のけがをした。

중상자를 먼저 쓰고 그 다음에 경상자를 쓴다.
또 사망자가 있으면 가장 먼저 사망자를 쓴다.
「プロパンガスが爆発して飛び散ったガラスの破片などで」가
「重傷(した)」,「けがをした」이 둘을 수식하고 있다.
⇩ 이 경우 모점의 위치가 잘못 되어 있다. ⇩

　　……プロパンガスが爆発して飛び散ったガラスの破片などで、4人が重傷、32人が1－2週間のけがをした。

> 연장자 순으로 쓰는 것과 마찬가지로,
> 死者　→　重傷者　→　軽傷者의 순서도 절대적인 것이다.

❻ 大気汚染研究所に勤務している山田さんは最近特に大気汚染が激しくなったアマゾン流域の調査に出かけた。

　　大気汚染が　　↘
　　最近　　　　　↘
　　特に　　　　→　激しくなったアマゾン流域の調査に　　↘
　　　　　　　　　　大気汚染研究所に勤務している山田さんは　→　出かけた。

⇩「調査に」,「山田さんは」를「出かけた」가 받는 구성이다. ⇩

　　大気汚染が最近特に激しくなったアマゾン流域の調査に大気汚染研究所に勤務している山田さんは出かけた。

❼ 凶暴な夜行性の動物が人は夜になると暗黒の森の中で活動を始めるのに気付かないでぐっすりと寝てしまうので危険だ。

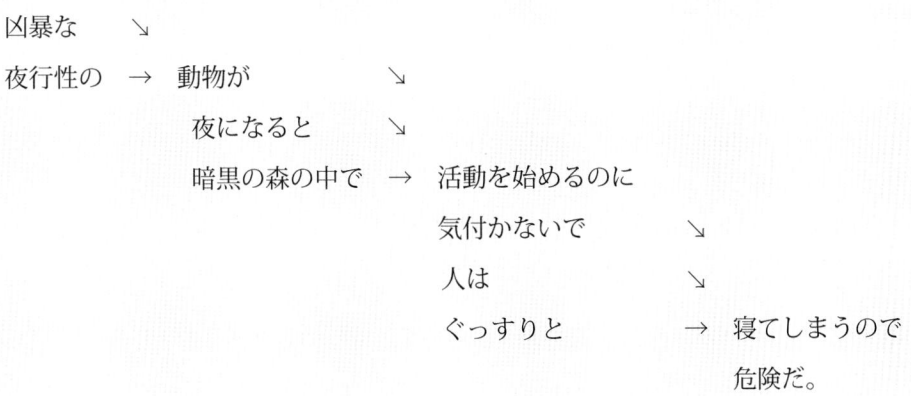

「気付かないで」,「人は」,「ぐっすりと」를「寝てしまう」가 받아
그것이 하나의 문장이 되어「危険だ」가 앞 문장 전체를 받는 구성이다.
앞 문장은「夜行性の凶暴な動物が」,「暗黒の森の中で」,「夜になると」가
「活動を始めるのに気付かないで」를 수식하고,
그것이 다시「ぐっすりと」,「人は」와 함께「寝てしまう」를 수식한다.

夜行性の凶暴な動物が暗黒の森の中で夜になると活動を始めるのに気付かないでぐっすりと人は寝てしまうので危険だ。

❽ ある判事が裁定役に選ばれたが、その判事が両派ともどちら側に有利な判定を下すか確信がもてなかった。

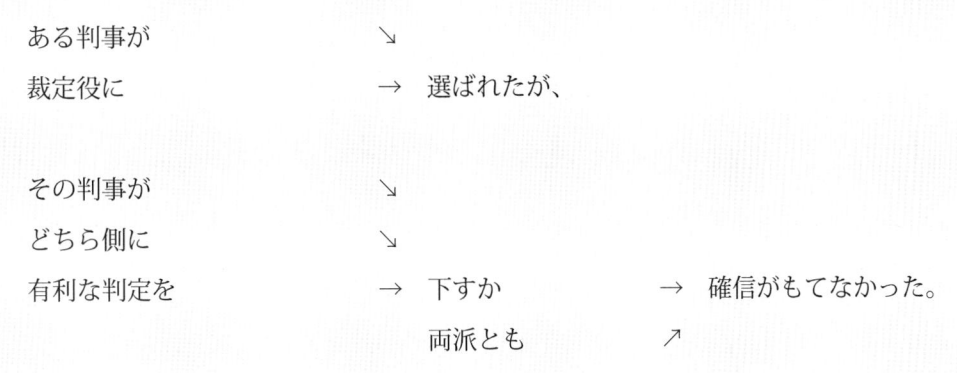

연습문제 4 해답 예

「選ばれたが」에서 하나의 문장이 되어 뒷 문장을 수식하는 구성이다.
뒷 문장은「その判事がどちら側に有利な判定を下すか」,「両派とも」가
⇩ 「確信がもてなかった」을 수식한다. ⇩

ある判事が裁定役に選ばれたが、その判事がどちら側に有利な判定を下すか両派とも確信がもてなかった。

❾ 背の高いスポーツマンタイプの日本語の難しいそうな分厚い本を持った大学生。

難しいそうな　　　↘
分厚い　　　　　　↘
日本語の　　　→　本を持った　　　　　↘
　　　　　　　　　スポーツマンタイプの　↘
　　　　　　　　　背の高い　　　　　→　大学生

「難しそうな日本語の分厚い本を持った」,「スポーツマンタイプの」,「背の高い」
세 개의 수식어가「大学生」을 수식한다.
⇩ 이것을 긴 수식어에서 짧은 수식어 순으로 나열하면 된다. ⇩

難しそうな分厚い日本語の本を持ったスポーツマンタイプの背の高い大学生。

❿ 生命の活力を冬の寒さに震えていた大地に春の訪れが呼び起こした。

冬の寒さに震えていた大地に　　↘
生命の活力を　　　　　　　→　呼び起こした
春の訪れが　　　　　　　　　↗

「冬の寒さに震えていた大地に」,「生命の活力を」,「春の訪れが」를
「呼び起こした」가 받는 구성이다.

冬の寒さに震えていた大地に生命の活力を春の訪れが呼び起こした。

⓫ 2時間ほど大きな山本さんの家にある室内プールで準備体操をして泳いだ。

　　　　山本さんの　　　　　↘
　　　　大きな　　　　　　→　家にある　　→　室内プールで　　↘
　　　　　　　　　　　　　　　　　　　　　　準備体操をして　　→　泳いだ
　　　　　　　　　　　　　　　　　　　　　　2時間ほど　　　　↗

「プールで」,「体操をして」,「2時間ほど」를「泳いだ」가 받는 구성이다.
「山本さんの大きな家にある室内プールで」,「準備体操をして」,
「2時間ほど」순으로 나열하면 된다.
「大きな」가「山本さん」이나「室内プール」를 수식할 가능성도 있지만,
상식적으로「室内プール」이 있을 정도의「大きな家」로 이해해야 할 것이다.

山本さんの大きな家にある室内プールで準備体操をして2時間ほど泳いだ。

⓬ 高名な豪邸を構えている一等地に医者がいた。

　　　　一等地に　　　　　↘
　　　　豪邸を　　　　　→　構えている　　↘
　　　　　　　　　　　　　高名な　　　　→　医者がいた。

「構えている」,「高名な」를「医者」가 받는 구성이다。

一等地に豪邸を構えている高名な医者がいた。

연습문제 4 해답 예

⑬ 私は2時間も長いゴツゴツした道を小さな山の上にある家を目指して歩き続けている。

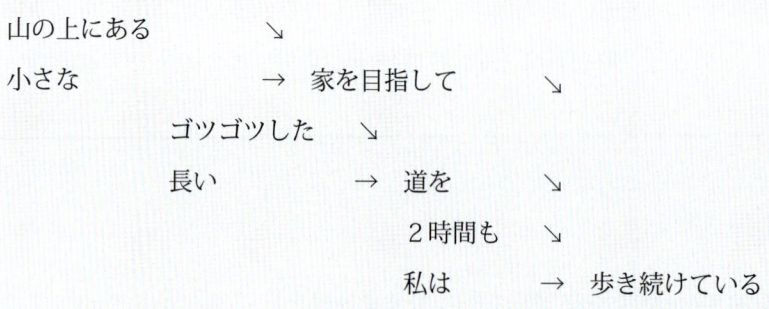

「歩き続けている」를 수식하는 것이 「山の上にある小さな家を目指して」,
「ゴツゴツした長い道を」, 「2時間も」, 「私は」이다.
「小さな」가 「山」을 수식할 가능성도 있지만 「山」을 멀리서 바라보는 것이 아니고,
그 「山」의 산길을 걷고 있기 때문에 상식적으로
⇩ 「山」 위에 있는 「小さな家」라고 생각해야 한다. ⇩

山の上にある小さな家を目指してゴツゴツした長い道を2時間も私は歩き続けている。

⑭ すでに2時間以上白い波が立つ東シナ海を戦前の旧式の漁船に乗って暖かい鮮やかな青い色をした空が広がる南の島に向かって走った。

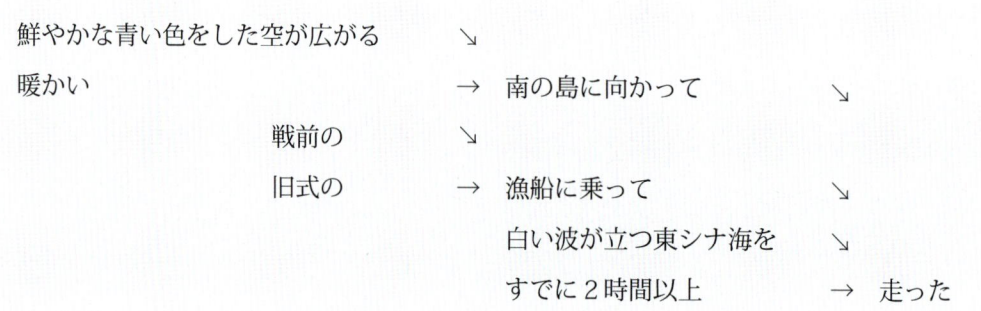

「走った」를 수식하고 있는 것이 「鮮やかな青い色をした空が広がる
暖かい南の島に向かって」, 「戦前の旧式の漁船に乗って」,
⇩ 「白い波が立つ東シナ海を」, 「すでに2時間以上」이다. ⇩

鮮やかな青い色をした空が広がる暖かい南の島に向かって戦前の旧式の漁船に乗って白い波が立つ東シナ海をすでに2時間以上走った。

하나하나의 수식어가 너무 길어서,
⇩ 중간에 모점을 넣지 않으면 수식어의 원칙을 따른다고 해도 읽기 어렵다. ⇩

　　鮮やかな青い色をした空が広がる暖かい南の島に向かって、戦前の旧式の漁船に乗って白い波が立つ東シナ海を、すでに2時間以上走った。

⑮ 長い歴史と美しいキャンパスを持つ旧裡里市現在の益山市の中央に位置する韓国大学は着実に全羅北道地方と共に発展してきました。

```
美しいキャンパスと      ↘
長い歴史を          →  持つ        ↘
旧裡里市現在の益山市の中央に位置する  →  韓国大学は      ↘
                            全羅北道地方と共に ↘
                       着実に         →  発展して
                                      きました
```

「発展してきました」를 수식하고 있는 것이「旧裡里市現在の益山市의 中央에
　　位置する美しいキャンパスと長い歴史を持つ韓国大学は」,
⇩　　　　「全羅北道地方と共に」,「着実に」이다. ⇩

　　旧裡里市現在の益山市の中央に位置する美しいキャンパスと長い歴史を持つ韓国大学は全羅北道地方と共に着実に発展してきました。

하나하나의 수식어가 너무 길어서,
⇩ 중간에 모점을 넣지 않으면 수식어의 원칙을 따른다고 해도 읽기 어렵다. ⇩

　　旧裡里市現在の益山市の中央に位置する美しいキャンパスと長い歴史を持つ韓国大学は、全羅北道地方と共に着実に発展してきました。

연습문제 4 해답 예

⓰ のんびり演歌を聞きながら育った最近のロックなどの音楽はうるさくテンポが早く全く私たちのような年寄りには分からない。

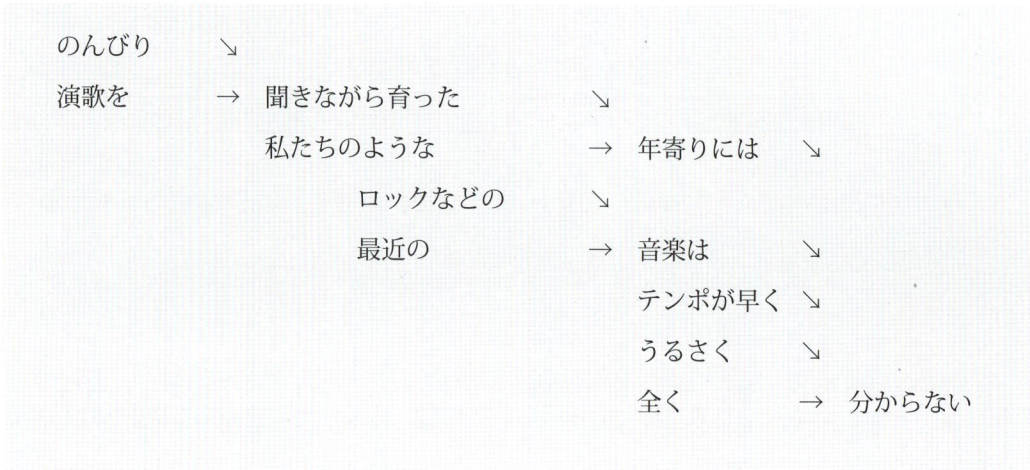

「分からない」를 수식하고 있는 것이 「のんびり演歌を聞きながら育った 私たちのような年寄りには」, 「ロックなどの最近の音楽は」, 「テンポが早く」, 「うるさく」, 「全く」이다.

のんびり演歌を聞きながら育った私たちのような年寄りにはロックなどの最近の音楽はテンポが早くうるさく全く分からない。

하나하나의 수식어가 너무 길어서, 중간에 모점을 넣지 않으면 수식어의 원칙을 따른다고 해도 읽기 어렵다.

のんびり演歌を聞きながら育った私たちのような年寄りには、ロックなどの最近の音楽は、テンポが早くうるさく全く分からない。

⑰ 彼の目には目の前に広がる紅葉で真っ赤に染まった山々に真っ赤な夕日が落ち山と空が一体となり血の真っ赤な海のように見えた。

   目の前に広がる紅葉で   ↘
   真っ赤に   → 染まった山々に ↘
         真っ赤な夕日が → 落ち、

 山と空が一体となり、

       真っ赤な血の海のように   ↘
        彼の目には → 見えた。

이 문장은 「目の前に広がる紅葉で真っ赤に染まった山々に
真っ赤な夕日が落ちた」, 「山と空が一体となった」,
「真っ赤な血の海のように彼の目には見えた」 셋으로 구성되어 있다.
⇩ 이 때문에 모점(、)을 생략할 수 없다. ⇩

目の前に広がる紅葉で真っ赤に染まった山々に真っ赤な夕日が落ち、山と空が一体となり、真っ赤な血の海のように彼の目には見えた。

6. 모점 사용법

일본어에서 모점(、) 사용의 중요성은 아무리 강조해도 지나치지 않다. 다음 문장은 모점이 없기 때문에 의미를 파악하기 어려운 예이다.

ここではきものを脱いでください。

⇩ 위 문장은 다음과 같이 두 가지로 해석이 가능하다. ⇩

① ここで、はきものを脱いでください。 → ここで履物を脱いでください。
② ここでは、きものを脱いでください。 → ここでは着物を脱いでください。

위의 예는 한자표기를 함으로써 이해할 수 있지만 한자표기를 해도 이해할 수 없는 것이 다음의 예문이다.

渡辺刑事は血まみれになって逃げ出した犯人を追いかけた。

위의 예문에서는 「血まみれになって逃げた」가 「渡辺刑事」인지 「犯人」인지 판단할 수 없다. 「血まみれになって逃げた」주체가 누구인지 명확히 하기 위해서 모점(、)을 찍으면 다음과 같이 된다.

「渡辺刑事」가 피투성이가 된 경우
→ 渡辺刑事は血まみれになって、逃げ出した犯人を追いかけた。

「犯人」가 피투성이가 된 경우
→ 渡辺刑事は、血まみれになって逃げ出した犯人を追いかけた。

위와 같이 모점의 위치에 따라 의미가 달라진다.

또 '수식어가 긴 순서'라는 법칙에 따라 수식어를 나열해도, 문장이 길어지면 모점(、)을 찍어야 알기 쉬운 문장이 된다. 예를 들면 [연습문제4]에서 본 아래의 예문은 '수식어가 긴 순서'라는 원칙에 따라도 한 개 한 개의 수식어가 너무 길기 때문에 중간에 모점(、)을 넣지 않으면 읽기 어렵다.

鮮やかな青い色をした空が広がる暖かい南の島に向かって戦前の旧式の漁船に乗って白い波が立つ東シナ海をすでに2時間以上走った。

⇓⇓

鮮やかな青い色をした空が広がる暖かい南の島に向かって、戦前の旧式の漁船に乗って、白い波が立つ東シナ海を、すでに2時間以上走った。

또 마찬가지로 [연습문제4] 중 아래의 문장과 같은 경우에는 「ある判事が裁定役に選ばれたが」는 「確信がもてなかった」를 수식하고 있는 것이 아니고, 뒤 문장 전체를 수식하고 있어서, 문장과 문장 사이에 모점(、)을 찍지 않으면 안 된다.

ある判事が裁定役に選ばれたがその判事がどちら側に有利な判定を下すか両派とも確信がもてなかった。

⇓⇓

ある判事が裁定役に選ばれたが、その判事がどちら側に有利な判定を下すか両派とも確信がもてなかった。

또한, 강조하는 경우나 감정을 넣는 경우 모점(、)의 도움 없이는 알기 쉬운 문장이 되지 않는다. 여기서는 모점(、) 사용법의 일반원칙부터 살펴보기로 한다.

1 일반 원칙

모점(、) 사용법의 일반원칙은 다음과 같다.

① 문장의 주제, 주어가 되는 단어의 뒤(=주격조사의 뒤)(예1).
　　　단, 주어에 수식어가 없고 짧은 경우에는 모점을 찍지 않는다(예2).

　　　　　　　　예1：朝から降り始めた雨が、午後には上がった。
　　　　　　　　예2：雨が上がった。

② 인용을 나타내는「と」의 앞(예1). 단, 괄호를 사용하는 경우에는 찍지 않는다(예2).

　　　　　　　　예1：これで安心だ、と彼は言った。
　　　　　　　　예2：「これで安心だ」と彼は言った。

③ 접속사(そして・しかし・また・さらに……)의 뒤, 접속조사(で・ながら・ども・が……)의 뒤(예1). 단, 이들이 주제문(연체수식문)이나 종속문, 인용문 속에 포함되고, 그 문장을 하나로 취급하는 것이 좋은 경우에는 모점을 찍지 않는다(예2, 3).

　　예1：また、こんな意見もあった。／　彼は大きいが、気は小さい。
　　예2：美しいが冷たい人は、あまり好かれない。
　　예3：まことに済みませんがお願いします、と私が丁寧に頼むと、彼は快く引き受けて
　　　　くれた。

④ 연용중지구의 뒤(예1). 연용중지구와 대조적인 것이「て형 접속」으로, 후자의 경우는 모점을 찍지 않고 다음 문장으로 연결하는 것이 좋다. 그것은 문장의 중지법에 필자의 주관이 다르기 때문이다. 예2가 그것이다.

     예1：みんなは大いに飲み、歌い、愉快な時を過ごした。
     예2：みんなは大いに飲んで歌って愉快な時を過ごした。

⑤ 원인・이유・때・조건 등을 나타내고, 조건절 등을 만드는 단어(から・ので・時・と・ば・たら・場合・結果……)의 뒤.

  예1：都合が悪いので、欠席します。
  예2：私が家から出た時、まだ雨が降っていなかった。
  예3：君が怒鳴ると、彼は益々怯えてしまう。
  예4：厚生省の調査の結果この事実が分かったので、その食堂は営業停止になった。

⑥ 긴 연체수식이나 연용수식이 두 개 이상 계속될 때, 그 사이에.

  예1：交通機関が発達し、人々の交流が進み、
     異文化との接触の機会も増えた現代では……。
  예2：文字は、読む人に分かりやすいように、正確に、きちんと書くべきだ。

예2의「正確に」뒤의 점은 없어도 된다. 또 '수식어가 긴 순으로 나열한다'는 원칙에 따르면 [예：読む人に分かりやすいように、文字は正確にきちんと書くべきだ。]와 같이 된다.

⑦ 문장이나 어구를 병렬적으로 나열해서 쓸 때, 그 사이에.

> 예1：昨日はデパートに行き、バックを買い、食事をして来た。
> 예2：人は、思想、信条、信仰、門地などで差別されてはならない。

예2의 경우는 모점(、)의 다용을 피하기 위해, [예：人は、思想・信条・信仰・門地などで差別されてはならない。]라고 써도 된다.

⑧ 바꿔 말하거나 설명할 때, 그 사이에.

> 예1：この人が私の親友、山田君です。
> 예2：来週の水曜日、15日は……。

모점(、)의 다용을 피하기 위해, [예1：来週の水曜日(15日)は……。／ 예2：この人が私の親友―山田君です。]라고 써도 된다.

⑨ 도치문의 경우.

> 一体どうしたのだ、これは。

통상은 [これは一体どうしたのだ。]이다.

⑩ 강조 등을 위해 통상의 어순과 바꿀 경우, 강조하는 단어 등의 뒤에.

彼は、ビックリして飛び出して来た犬を轢きそうになった。

'수식어가 긴 순서로 나열한다'(다음 페이지의 ❷ 2대 원칙-(2)제2원칙 참조)는 원칙에 따르면 [ビックリして飛び出して来た犬を、彼は轢きそうになった。]이다.

⑪ 강조하는 단어 뒤.

「誰がやったのですか」。
「彼が、やったのです」。

⑫ 삽입구가 있는 경우 그 전후, 또는 앞에.

アジアの国々、特に韓国や中国、では。

모점(、)의 다용을 피하기 위해, [アジアの国々ー特に韓国や中国ーでは。／　アジアの国々(特に韓国や中国)では。]라고 써도 된다.

⑬ 부를 때·응답·경탄 등의 뒤.

예1 : おい、ちょっと。
예2 : あっ、しまった。

이상은 모점 사용의 일반원칙이다. 그러나 원칙은 원칙일 뿐, 절대적인 것이 아니라는 점도 함께 유의해야 한다.

2 2대 원칙

모점 사용법은 일반원칙을 따르는 것이 가장 좋다. 그러나 지나치게 항목이 많고 그것을 모두 기억해서 모점(、)을 찍는 것은 어렵다. 또한 기계적으로 원칙만 따라서 모점(、)을 찍으면 문장 구성에 반하는 경우가 생길 우려가 있다. 그래서 문장 구성을 생각하면서 앞에서 배운 '수식어 순서'를 응용해서 두 개의 원칙을 지키면 문제없이 모점(、)을 찍을 수 있다.

(1) 제1원칙

긴 수식어가 두 개 이상일 때에는 그 경계에 모점(、)을 찍는다. (중문의 경계도 같은 원칙에 따른다)

血まみれになって逃げ出した犯人を私の同僚の渡辺刑事は追いかけた。

血まみれになって逃げ出した犯人を　→　追いかけた
私の同僚の渡辺刑事は　　　　　　　　↗

이것은 「追いかけた」를 수식하는 것이
「血まみれになって逃げ出した犯人を」와 「私の同僚の渡辺刑事」이므로,
⇩　그 경계에 모점을 찍으면 된다.　⇩

血まみれになって逃げ出した犯人を、私の同僚の渡辺刑事は追いかけた。

〈모점 사용 오류 예1〉

働きざかりと思われる年齢の人の急死が報じられているのをみると、ついいろいろと考えさせられる。病名が心筋硬そくだと元気にまかせて、過労をかさねたのではないかと思い、ガンだと、どうして早期発見できなかったのかと気にかかる。

（「朝日新聞」1974年9月30日夕刊による）

문제는 두 번째 문장인데, 구성은 다음과 같다.

病名が心筋硬そくだと　　　　　　　　　　　→　と思い、
元気にまかせて過労をかさねたのではないか　　　↗

(病名が)ガンだと　　　　　　↘
どうして　　　　　　　→　早期発見できなかったのかと　→　気にかかる。

두 개의 문장으로 되어있고, 각각의 술어에 두 개씩 수식어가 붙어있다.
⇩　이런 경우에는 문장의 경계에 모점을 찍어야 한다.　⇩

働きざかりと思われる年齢の人の急死が報じられているのをみると、ついいろいろと考えさせられる。元気にまかせて過労を重ねたのではないかと病名が心筋梗塞だと思い、ガンだとどうして早期発見できなかったのかと気にかかる。

〈모점 사용 오류 예2〉

　　戦前からの業界の流れを知る幹部も、若手も今年の漁獲やかつての北洋について聞くと、後ろめたそうな顔になった。

（「朝日新聞」1974年9月5日夕刊による）

戦前からの業界の流れを知る幹部も　　　　　　↘
若手も　　　　　　　　　　　　　　　　　→　後ろめたそうな顔になった
今年の漁獲やかつての北洋について聞くと　　　↗

「後ろめたそうな顔になった」가 세 개의 수식어
「戦前からの業界を知る幹部も」,「若手も」,
⇩　「今年の漁獲やかつての北洋について聞くと」를 받는 구성이다.　⇩

　　戦前からの業界を知る幹部も、若手も、今年の漁獲やかつての北洋について聞くと後ろめたそうな顔になった。

균형적으로「若手も」가 짧기 때문에 문장을 첨가해
⇩ 「昔のことは何も知らない若手も」로 했다. ⇩

戦前からの業界の流れを知る幹部も　　　　↘
昔のことは何も知らない若手も　　　　　　→　後ろめたそうな顔になった
今年の漁獲やかつての北洋について聞くと　↗

戦前からの業界の流れを知る幹部も、昔のことは何も知らない若手も、今年の漁獲やかつての北洋について聞くと後ろめたそうな顔になった。

(2) 제2원칙

원칙적으로 어순이 반대인 경우에 모점(、)을 찍는다. 즉 짧은 수식어가 앞에 올 경우 등이 포함된다.

〈주어와 술어가 반대인 경우〉

殺したのはおまえだ。 →　おまえだ、殺したのは。

〈긴 수식어보다 짧은 수식어가 앞에 오는 경우〉
① 긴 수식어(血まみれになって逃げ出した犯人を)보다 짧은 수식어(渡辺刑事は)가 앞에 오는 경우.

血まみれになって逃げ出した犯人を渡辺刑事は追いかけた。

⇩⇩

渡辺刑事は、血まみれになって逃げ出した犯人を追いかけた。

② 긴 수식어「私がふるえるほど大嫌いなBを」,「私の友人のCに」보다 짧은 수식어「Aが」가 앞에 오는 경우.

私がふるえるほど大嫌いなBを私の友人のCにAが紹介した。

⇓

Aが、私がふるえるほど大嫌いなBを私の友人のCに紹介した。

③ 긴 수식어「わたしをつかまえて来て拷問にかけたときの連中の一人である」보다 짧은 수식어「特高警察の」가 앞에 오는 경우.

わたしをつかまえて拷問にかけたときの連中の一人である特高警察のミンが大声でいった。

⇓

特高警察の、わたしをつかまえて拷問にかけたときの連中の一人であるミンが大声でいった。

일반원칙③의 접속사(そして・しかし・また・さらに……)의 경우도 짧은 수식어가 앞에 온 것으로 생각하면 된다.

(3) 기타
① 부를 때・응답・경탄 등의 뒤에.

あなた、車に気をつけてね。	(あなた！…………。)
あっ、山火事だ。	(あっ！…………。)
うん、そうだね。	(うん。…………。)

② 삽입구의 앞뒤 또는 앞에만.

이 경우에 모점(、)이 많아져 문장의 흐름이 복잡해질 수 있기 때문에 다른 기호의 사용을 권한다.

〈기호 ー를 사용한 예〉

京都、千年の古都、は日本の伝統文化の宝庫である。

⇩⇩

京都ー千年の古都ーは日本の伝統文化の宝庫である。

〈기호 ( )를 사용한 예〉

広島は、最初の原爆被災地ですが、今年の秋にアジア競技大会が開催されます。

⇩⇩

広島は(最初の原爆被災地ですが)今年の秋にアジア競技大会が開催されます。

③ 생각을 나타내는 모점

필자의 생각을 나타내는 경우로, 생각의 최소단위를 나타내는 자유로운 모점.

彼女は、死んだ。
明日、いきます。

「Aが、Bに、Cを、紹介した」처럼, 모점을 지나치게 많이 사용하면 오히려 복잡한 문장이 되기 때문에 주의하는 것이 좋다. 모점은 문장의 생명이다. 중요하지 않은 점은 찍어서는 안 된다.

MEMO

연습문제 5

▶ 다음 문장에 모점을 찍으시오.

❶ 青瓦台報道官は北朝鮮の水害が平壌市内も含めて「深刻なようだ」と述べ首脳会談延期について「ほかの意図は全くないように見える」との認識を示した。韓国保守派の間では何らかの狙いを疑う見方もある。

→

❷ 黒い雪袴をはいた二人の一年生の子がどてをまわって運動場にはいって来てまだほかにだれも来ていないのを見て「ほうおら一等だぞ。一等だぞ」とかわるがわる叫びながら大よろこびで門をはいって来たのでしたがちょっと教室の中を見ますと二人ともまるでびっくりして棒立ちになりそれから顔を見合わせてぶるぶるふるえましたがひとりはとうとう泣き出してしまいました。(『風の又三郎』宮沢賢治)

→

❸ 喧嘩の出ているのは驚ろかないのだが中学の教師堀田某と近頃東京から赴任した生意気なる某とが順良なる生徒を使嗾(しそう)してこの騒動を喚起せるのみならず両人は現場にあって生徒を指揮したる上みだりに師範生に向って暴行をほしいままにしたりと書いて次にこんな意見が附記してある。(『坊っちゃん』夏目漱石)

→

❹ 第89回全国高校野球選手権大会(朝日新聞社日本高校野球連盟主催)12日目の19日第2試合(準々決勝)は広陵(広島)が今治西(愛媛)を7―1で下し準決勝進出を決めた。広陵は1番から9番打者までムラなくバットが振れ投打がかみ合い40年ぶりのベスト4をたぐりよせた。

　　→

❺ 降雨で試合開始が30分遅れた間はブルペンで立ち投げをして冷静に肩の準備を整えた。初回1死一二塁山崎武をこの日最速146キロの直球で三ゴロ併殺打に仕留め過去2試合とも失点した「魔の初回」を無失点でクリア。3回1死一二塁では完全にモーションを盗まれながらリックが打って右飛。

　　→

❻ 現在の歴史書も今の時代を保障し未来への方向性を示すべくそこに虚偽を含む。このことは金日成―金正日体制を保障すべく書かれた北朝鮮の歴史書を例に挙げるまでもないだろう。時代時代によって歴史書の記述が変化するのはこのためである。歴史を研究する者は史書をろ過にかけ真実だけを抽出し虚偽を捨る。しかしこれでいいのだろうか。虚偽の部分に何ら価値はないのであろうか。

　　→

연습문제 5

❼ 古代東アジアは中國王朝が世界の中心であるという価値観即ち中華思想の基に秩序が保たれそれを統括していたのが中国の皇帝である。その政治機構が冊封制度でこの冊封制度とは中国国内の封建制度を周辺諸国まで広大したもので周辺諸国の君主が中国皇帝に朝貢することによって皇帝から臣下として「王」「公」「候」に冊封される制度をいう。これには朝貢の義務が課せられるが冊封され臣下になることによって諸国の君主たちはこの世界での地位が保障された。

→

❽ 私の住む白金台はお洒落なブティックやレストランが居並ぶ東京人憧れの高級住宅街だそうです。確かに綺麗な街並みには見入ってしまいます。新緑の頃また落ち葉の季節には通り道をしたくなるようなところです。しかし私にとってはありがた迷惑な所です。物価は高いし飯屋は皆気取っている。おまけに気に入るような飲み屋はない。おっちゃんやおばちゃんがやっているような小さなカウンターの店の常連となりそこで世間話をしながら安酒を飲むことを唯一の楽しみに日本に来たのですが。白金台にはそのような店はまるでなくやっと見つけた「焼き鳥」の店も外から覗いてみると私のようなしょぼくれたおっさんはいなく明るくまた軽い会話が弾むお洒落な店でした。私はこういう所は嫌いなんです。そこには生活が染み付いた情の世界はない。

→

❾ 昨日韓国から一緒に来た先生と渋谷の路地裏にある飲み屋に入りました。東京にある日本酒のほとんどが新潟・秋田でなくともその近辺のものです。のど越しスッキリでいいのでしょうが私は嫌いです。ところがその店には関西系のモッチャリとした酒が置いてありました。いかにも悪酔いしそうな安酒です。私の酒だと思いました。最近ワイン風味の日本酒などが流行っていますがならワインを飲めばいいのであって日本酒はどこまでも日本酒であってほしいものです。ついついストレス解消もかね本当に久しぶりに浴びるほど飲みました。しかし白金台に戻ってくると夜遅いのにもかかわらず酒に酔って千鳥足で歩いているのは私だけです。と思ったとたん酔いが醒めてしまいました。白金台というのは酔いまで醒める冷めた町だとつくづく考え込んでしまいました。

→

연습문제 5 해답 예

※작문의 경우, 절대적인 해답은 없다. 즉 [해답 예]와 다른 [해답]도 존재한다.

▶ 다음 문장에 모점을 찍으시오.

❶ 青瓦台報道官は北朝鮮の水害が平壌市内も含めて「深刻なようだ」と述べ首脳会談延期について「ほかの意図は全くないように見える」との認識を示した。韓国保守派の間では何らかの狙いを疑う見方もある。

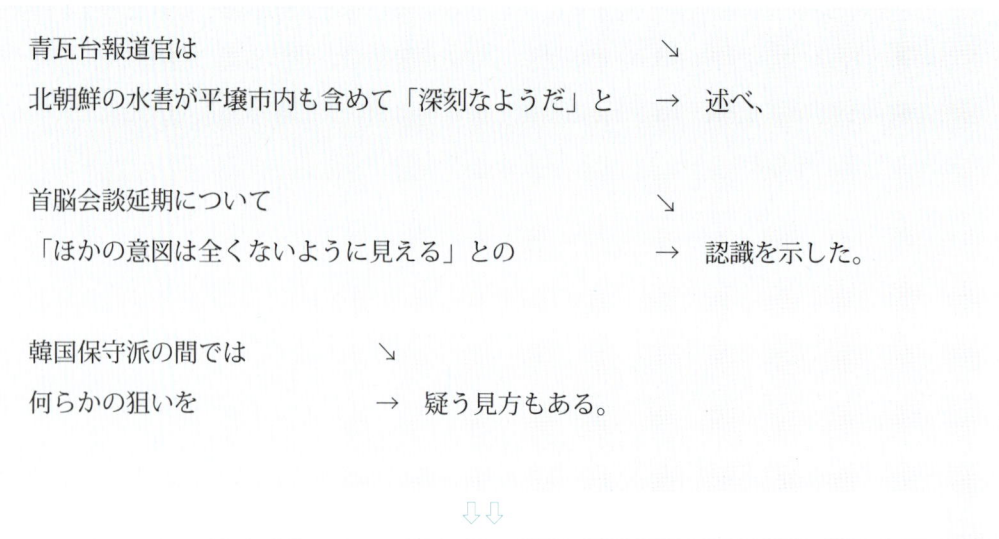

⇩⇩

　　青瓦台報道官は、北朝鮮の水害が平壌市内も含めて「深刻なようだ」と述べ、首脳会談延期について「ほかの意図は全くないように見える」との認識を示した。韓国保守派の間では、何らかの狙いを疑う見方もある。

❷ 黒い雪袴をはいた二人の一年生の子がどてをまわって運動場にはいって来てまだほかにだれも来ていないのを見て「ほうおら一等だぞ。一等だぞ」とかわるがわる叫びながら大よろこびで門をはいって来たのでしたがちょっと教室の中を見ますと二人ともまるでびっくりして棒立ちになりそれから顔を見合わせてぶるぶるふるえましたがひとりはとうとう泣き出してしまいました。(『風の又三郎』宮沢賢治)

⇩⇩

　　黒い雪袴をはいた二人の一年生の子がどてをまわって運動場にはいって来て、まだほ

かにだれも来ていないのを見て、「ほう、おら一等だぞ。一等だぞ」とかわるがわる叫びながら大よろこびで門をはいって来たのでしたが、ちょっと教室の中を見ますと、二人ともまるでびっくりして棒立ちになり、それから顔を見合わせてぶるぶるふるえましたが、ひとりはとうとう泣き出してしまいました。(宮沢賢治『風の又三郎』)

❸ 喧嘩の出ているのは驚ろかないのだが中学の教師堀田某と近頃東京から赴任した生意気なる某とが順良なる生徒を使嗾(しそう)してこの騒動を喚起せるのみならず両人は現場にあって生徒を指揮したる上みだりに師範生に向って暴行をほしいままにしたりと書いて次にこんな意見が附記してある。(『坊っちゃん』夏目漱石)

⇩

喧嘩の出ているのは驚ろかないのだが、中学の教師堀田某と、近頃東京から赴任した生意気なる某とが、順良なる生徒を使嗾(しそう)してこの騒動を喚起せるのみならず、両人は現場にあって生徒を指揮したる上、みだりに師範生に向って暴行をほしいままにしたりと書いて、次にこんな意見が附記してある。(夏目漱石『坊っちゃん』)

❹ 第89回全国高校野球選手権大会(朝日新聞社日本高校野球連盟主催)12日目の19日第2試合(準々決勝)は広陵(広島)が今治西(愛媛)を7―1で下し準決勝進出を決めた。広陵は1番から9番打者までムラなくバットが振れ投打がかみ合い40年ぶりのベスト4をたぐりよせた。

⇩

第89回全国高校野球選手権大会(朝日新聞社、日本高校野球連盟主催)12日目の19日、第2試合(準々決勝)は広陵(広島)が、今治西(愛媛)を7-1で下し、準決勝進出を決めた。広陵は、1番から9番打者までムラなくバットが振れ、投打がかみ合い、40年ぶりのベスト4をたぐりよせた。

연습문제 5 해답 예

❺ 降雨で試合開始が30分遅れた間はブルペンで立ち投げをして冷静に肩の準備を整えた。初回1死一二塁山崎武をこの日最速146キロの直球で三ゴロ併殺打に仕留め過去2試合とも失点した「魔の初回」を無失点でクリア。3回1死一二塁では完全にモーションを盗まれながらリックが打って右飛。

⇩⇩

　　降雨で試合開始が30分遅れた間は、ブルペンで立ち投げをして冷静に肩の準備を整えた。初回1死一、二塁、山崎武をこの日最速146キロ直球で三ゴロ併殺打に仕留め、過去2試合とも失点した「魔の初回」を無失点でクリア。3回1死一、二塁では完全にモーションを盗まれながら、リックが打って右飛。

❻ 現在の歴史書も今の時代を保障し未来への方向性を示すべくそこに虚偽を含む。このことは金日成ー金正日体制を保障すべく書かれた北朝鮮の歴史書を例に挙げるまでもないだろう。時代時代によって歴史書の記述が変化するのはこのためである。歴史を研究する者は史書をろ過にかけ真実だけを抽出し虚偽を捨る。しかしこれでいいのだろうか。虚偽の部分に何ら価値はないのであろうか。

⇩⇩

　　現在の歴史書も、今の時代を保障し未来への方向性を示すべく、そこに虚偽を含む。このことは、金日成ー金正日体制を保障すべく書かれた北朝鮮の歴史書を、例に挙げるまでもないだろう。時代時代によって歴史書の記述が変化するのは、このためである。歴史を研究する者は、史書をろ過にかけ、真実だけを抽出し、虚偽を捨る。しかし、これでいいのだろうか。虚偽の部分に何ら価値はないのであろうか。

❼ 古代東アジアは中國王朝が世界の中心であるという価値観即ち中華思想の基に秩序が保たれそれを統括していたのが中国の皇帝である。その政治機構が冊封制度でこの冊封制度とは中国国内の封建制度を周辺諸国まで広大したもので周辺諸国の君主が中国皇帝に朝貢することによっ

て皇帝から臣下として「王」「公」「候」に冊封される制度をいう。これには朝貢の義務が課せられるが冊封され臣下になることによって諸国の君主たちはこの世界での地位が保障された。

⇩

　　古代東アジアは、中国王朝が世界の中心であるという価値観即ち中華思想の基に秩序が保たれ、それを統括していたのが中国の皇帝である。その政治機構が冊封制度で、この冊封制度とは中国国内の封建制度を周辺諸国まで広大したもので、周辺諸国の君主が中国皇帝に朝貢することによって、皇帝から臣下として「王」「公」「候」に冊封される制度をいう。これには朝貢の義務が課せられるが、冊封され臣下になることによって、諸国の君主たちはこの世界での地位が保障された。

❽ 私の住む白金台はお洒落なブティックやレストランが居並ぶ東京人憧れの高級住宅街だそうです。確かに綺麗な街並みには見入ってしまいます。新緑の頃また落ち葉の季節には通り道をしたくなるようなところです。しかし私にとってはありがた迷惑な所です。物価は高いし飯屋は皆気取っている。おまけに気に入るような飲み屋はない。おっちゃんやおばちゃんがやっているような小さなカウンターの店の常連となりそこで世間話をしながら安酒を飲むことを唯一の楽しみに日本に来たのですが。白金台にはそのような店はまるでなくやっと見つけた「焼き鳥」の店も外から覗いてみると私のようなしょぼくれたおっさんはいなく明るくまた軽い会話が弾むお洒落な店でした。私はこういう所は嫌いなんです。そこには生活が染み付いた情の世界はない。

⇩

　　私の住む白金台は、お洒落なブティックやレストランが居並ぶ、東京人憧れの高級住宅街だそうです。確かに綺麗な街並みには見入ってしまいます。新緑の頃、また落ち葉の季節には、通り道をしたくなるようなところです。しかし、私にとってはありがた迷惑な所です。物価は高いし、飯屋は皆気取っている。おまけに気に入るような飲み屋はない。おっちゃんやおばちゃんがやっているような、小さなカウンターの店の常連とな

연습문제 5 해답 예

り、そこで世間話をしながら安酒を飲むことを、唯一の楽しみに日本に来たのですが。白金台にはそのような店はまるでなく、やっと見つけた「焼き鳥」の店も、外から覗いてみると、私のようなしょぼくれたおっさんはいなく、明るくまた軽い会話が弾むお洒落な店でした。私はこういう所は嫌いなんです。そこには、生活が染み付いた情の世界はない。

❾ 昨日韓国から一緒に来た先生と渋谷の路地裏にある飲み屋に入りました。東京にある日本酒のほとんどが新潟・秋田でなくともその近辺のものです。のど越しスッキリでいいのでしょうが私は嫌いです。ところがその店には関西系のモッチャリとした酒が置いてありました。いかにも悪酔いしそうな安酒です。私の酒だと思いました。最近ワイン風味の日本酒などが流行っていますがならワインを飲めばいいのであって日本酒はどこまでも日本酒であってほしいものです。ついついストレス解消もかね本当に久しぶりに浴びるほど飲みました。しかし白金台に戻ってくると夜遅いのにもかかわらず酒に酔って千鳥足で歩いているのは私だけです。と思ったとたん酔いが醒めてしまいました。白金台というのは酔いまで醒める冷めた町だとつくづく考え込んでしまいました。

⇩⇩

　　昨日、韓国から一緒に来た先生と、渋谷の路地裏にある飲み屋に入りました。東京にある日本酒のほとんどが新潟・秋田、でなくともその近辺のものです。のど越しスッキリでいいのでしょうが、私は嫌いです。ところが、その店には関西系のモッチャリとした酒が置いてありました。いかにも悪酔いしそうな安酒です。私の酒だと思いました。最近ワイン風味の日本酒などが流行っていますが、ならワインを飲めばいいのであって、日本酒はどこまでも日本酒であってほしいものです。ついついストレス解消もかね、本当に久しぶりに浴びるほど飲みました。しかし、白金台に戻ってくると、夜遅いのにもかかわらず、酒に酔って千鳥足で歩いているのは私だけです。と、思ったとたん酔いが醒めてしまいました。白金台というのは酔いまで醒める、冷めた町だとつくづく考え込んでしまいました。

제2장
논술문 작성법

1. 논술문이란 무엇인가

1 Yes 또는 No를 판단하는 문장

「논하다」는 것은 기본적으로는 어떤 문제에 대해 **Yes인지 No인지를 판단하는 것**이다. 예를 들면 '양극화 사회'라는 테마가 주어졌을 때, 양극화가 확대되는 현상에 대해 이렇다 저렇다 설명하거나 「こんなにひどい暮らしをしている人がいる」라며 한탄하는 것은 보고서나 수필이지 논술문이 아니다. 「格差社会は本当に好ましくないのか」, 「格差をなくすための対策を考えるべきか」, 「格差の拡大は経済を活性化するためには必要か」 등, Yes인지 No인지로 답할 수 있는 문제를 생각하고, 그에 대해 논리적으로 판단을 내리는 것이 논술문이다. 다시 말하면, 어떤 테마라도 Yes 또는 No의 문제제기만 할 수 있으면 논술문이 된다.

최근에는 출제형식이 다양해져서 Yes 또는 No로 답하기 어려운 문제도 많다. 설령 직접 Yes인지 No를 묻는 형식이 아니라도 어떤 식으로든 의견이나 결론을 제시하고, 그것이 올바른지 아닌지를 결론적으로 검증하는 것이 논술문의 본질인 것은 변함이 없다. 그 점만 이해하면 어떤 문제라도 혼란스러울 일은 없다.

2 논술문은 '작문'과도 '학술논문'과도 다르다

논술문은 작문과는 분명히 다르다는 것을 먼저 인식하기 바란다. 작문은 주어진 테마를 통해 자신에 대해 이야기 하는 문장으로 자신의 성격, 평소 느끼는 점 등, '**자신은 이런 사람이다**'라는 것을 쓰는 것이다. 이에 반해 논술문은 테마에 대해 자신의 의견을 논리적 객관적으로 표현하는 문장으로, 자신은 주어진 테마에 대해 '**이런 의견을 가진 사람이다**'라는 것을 전달하는 것이다. 즉 논술문이란 '**논하는**' 문장이다.

또한 논술문은 학술논문과도 다르다. 형식적으로 논술문은 학술논문의 구성법을 따르지만, 내용은 학술논문 같은 학문적 독창성, 학문적 성과는 묻지 않는다. 그러나 자기 독자적인 견해, 즉 자기주장은 필요하다. 다시 말해 자신의 주장을 논리적으로 설득력 있는 문장으로 작성해야 한다.

신변잡기나 일상에서 생각하거나 느낀 것을 주관적인 표현으로 쓰는 것은 작문이고, 독창적인 연구성과를 발표하는 것은 학술논문이다. 논술문은 논리적인 자기주장을 펴는 문장이라는 점에서 이들과는 다르다.

다음의 예문 비교를 통해 '작문'과 '논술문'의 차이를 살펴보자.

「旅」

私は旅行が好きだ。昨年も、夏休みを利用して日本を旅行し、そこで直に日本文化に触れた。茶道など、……

⇩⇩

작문 : 자신의 여행경험을 쓰고 있고, 무엇인가를 논하려는 의도가 없다.

私は、旅行とは自身の経験を豊かにするものと考える。昨年も、夏休みを利用して日本を旅行し、そこで直に日本文化に触れることができた。……

⇩⇩

논술문 : 여행이란 무엇인가에 대해 논하고 있다.
즉 여행을 Yes라고 답하고, 그 이유로써 이문화 체험을 통해
자신의 경험을 풍부하게 하는 것이라고 논하고 있다.

3 일본어로 문장을 쓴다

논술문을 보면 수험생의 일본어능력을 한눈에 알 수 있다.

→ 논술문으로 일본어 표기, 표현력, 어휘 수준 등이 드러난다. 아직 일본어 문장력이 부족하다는 것을 명심하여 어렵고 아름다운 문장보다 쉽고 명료한 문장을 쓰도록 주의해야 한다. 또한 일본어능력만이 아니고 일본에 대한 지식에 대해서도 평가받는다는 점을 잊어서는 안 된다.

4 테마가 있다

시험에서 테마가 주어진다. 예를 들면 교원채용시험에서는 일본어교수법이나 일본문화 등의 테마가 많이 출제되고, 일본의 대학입학시험에서는 전공이나 일본에 관한 테마를 자주 볼 수 있다. 또한 입사시험에서는 회사의 전문분야를 묻기 때문에 미리 관련 지식을 익히도록 해야 한다.

때로는 자료를 주는 경우도 있다. 이런 경우에는 자료를 막연히 읽지 말고 먼저 질문을 읽고 무엇을 요구하는지 충분히 이해하고 나서 자료를 읽어가며 질문의 답을 찾는 것이 좋다. 이것은 시간 낭비를 줄이기 위함이다. 또 자료 내용 전부가 아니고 자료에서 필요한 부분을 읽어내는 능력도 평가하고 있다는 것을 잊어서는 안 된다. 질문의 이해가 중요하다.

→ 테마에 대한 이해력, 또 그 테마에 관한 독자적인 견해를 묻는다. 요컨대 그 방면에 대한 지식을 보는 것이다. 예를 들면 입사시험이라면 그 회사 자체 또는 그 분야의 전문지식을 갖추고 있는지, 그리고 그 회사에서 무엇을 하고 싶은지에 대해, 입학시험이라면 지망학과의 지식과 무엇을 공부하고 싶은지에 대해 미리 공부해 두는 것이 좋다.

5 시험장에서 작성한다

집이나 학교에서 작성할 때는 모르면 사전이나 참고서를 볼 수 있다. 그러나 시험장에서 작성할 때는 그럴 수 없다.

→ 모든 것을 머릿속의 지식이나 능력으로 해결해야 한다. 그러나 논문과 같은 고도한 전문지식은 필요치 않고 누구나 이해할 수 있는 일반적인 지식만 있으면 된다. 또 자신의 일본어능력에 맞는 문장을 쓰도록 해야 한다. 무리하게 아름다운 문장 어려운 문장을 쓰려고 하다 보면 한국식 일본어 또는 의미를 알 수 없는 일본어문장이 되므로 주의해야 한다.

6 정해진 시간과 글자 수를 엄수한다

60분 또는 90분 이내에 600자~1000자 정도로 문장을 정리해야 한다.

→ 제한 시간 내에 완성하는 기술적인 훈련이 필요하다. 한국어로 초안을 작성하면 수준 높은 문장이 될 것이다. 그러나 문제는 그것을 번역할 만큼의 일본어능력을 갖추지 못했다는 점이다. 시간적인 여유가 없고 사전도 없는 상태에서는 자신의 능력 밖의 번역이 되기 때문에 한국식 일본어, 또는 의미를 알 수 없는 문장, 논리적으로 맞지 않는 문장이 될 우려가 있다.

한국어로 초안을 작성하는 단계부터 자신의 일본어능력에 맞게 쓰는 것이 좋다. 그렇게 하면 시간에 쫓겨 번역해야 하는 부담도 없고 명쾌한 일본어 문장이 된다.

7 정답은 없다

다른 과목은 정답이 있다. 그러나 논술문은 백 명이 쓰면 백 장의 답안지 내용이 모두 다르다. 정답도 없다.

→ 먼저 작문이 아니고 논술문인가가 중요하다. 그리고 수험생 개개인의 개성, 창조력, 능력이 그대로 드러난다. 즉 단순한 지식이 아닌 개성과 창조력, 논리적 사고력을 보는 것이다. 그러나 개성과 상상력을 본다고 해서 지나치게 황당무계한 이야기를 해서는 안 된다. 상대가 요구하는 모습에 맞게, 상식적인 범위 내에서 쓰면 된다.

8 누가 읽는 것인가

직접적으로는 채점자다. 응모한 시험의 성격에 따라 그곳에서 요구하는 모습을 생각해서 논술해야 한다.

→ 예를 들면 「夏になると、服装は軽やかになる」라는 문제가 출제되었다고 하자. 이것이 교원채용시험에서 출제된 문제라면 당연히 교사의 관점에서 논하고, 과도한 노출 등을 문제시해야 할 것이다. 즉 교사로서 합당한 주장, 그리고 교사에 어울리는 자세를 묻고 있는 것임을 잊어서는 안 된다.

그러나 이것이 패션계 기업의 채용시험이라면 논술의 방향은 180도 바뀌어야 한다. 다른 분야에서도 그곳에서 요구하는 모습을 생각해서 그에 맞게 논리를 전개해야 한다.

> 자신의 생각을 솔직하게 쓰는 것이 가장 바람직한 것은 당연하지만, 지나치게 과격한 논리는 자제 하는 것이 좋다. 그리고 응모한 시험에 따라 요구하는 모습이 다르기 때문에 그에 맞게 쓰는 것도 필요하다. 때로는 자신의 견해와 다른 내용을 써야 하는 경우도 있다. 그것은 '거짓이 아닌가' 라고 주장하는 사람도 있을 것이다. 틀림없이 거짓이다. 그러나 시험에서 묻는 것은 수험자의 의견이 아니고 논리적 사고능력과 일본어능력이다.
> 또 아무리 독창성이 있다고 해도 짧은 문장으로는 다 설명할 수 없기 때문에 가능한 누구나 납득할 수 있는 내용으로 쓰는 것이 좋다.

2. 논술문의 규칙

1 형식면에서의 규칙

(1) 단락을 나눈다

단락을 나누지 않은 문장은 통상적인 '문장'으로 볼 수 없다(물론 200자 이내의 짧은 설명 등은 예외). 다음 절인 '3. 논술문의 형식'에서 단락 구분에 대해 상세히 설명하고 있기 때문에 여기서는 더 이상 언급하지 않지만 어떤 상황에서도 단락 구분을 잊어서는 안 된다는 점을 강조해 둔다.

(2)「だ・である」문장으로 통일한다

일본어 문말 표현에는「です・ます」(경어체)와「だ・である」(보통체)가 있다. 그런데 간혹 이 두 가지 문체가 섞인 문장을 본다. 예를 들면 제1장【연습문제5】의 ⑧이 그렇다.

> 確かに綺麗な街並みには見入ってしまいます。新緑の頃、また落ち葉の季節には、通り道をしたくなるようなところです。しかし、私にとってはありがた迷惑な所です。物価は高いは、飯屋は皆気取っている。おまけに気に入るような飲み屋はない。おっちゃんやおばちゃんがやっているような、小さなカウンターの店の常連となり、そこで世間話をしながら安酒を飲むことを、唯一楽しみに日本に来たのですが。

위 문장은 경어체와 보통체 사용을 잘 구분함으로써 문장을 강조하고, 자신이 말하고 싶은 내용을 정확하게 전달하고 있지만 초보자로서는 어려운 일이다.

「です・ます」문체와「だ・である」문체가 섞인 문장은 일본어 문장으로서 원칙적으로는 허용되지 않는다. 특히 논술문에서는 허용되지 않는다. 초보자가 자주 틀리는 부분인데 일본어 문장 작성이 익숙하지 않은 사람은 상급자가 되어도 이 부분에서 틀리는 경우가 있으므로 주의해야 한다.

초보자는 '경어체'부터 배우는 것이 일반적인데 문말 표현에서는 '보통체'가 원칙이다. 작문 시험에서는 경어체로 써도 되지만, 논술시험처럼 무엇을 논해야 하는 경우에는 보통체로 쓰는 것이 절대원칙이다.

[연습] 다음 문장을 보통체로 고치시오.
① 明日の卒業式には父母も参加します。
② 道路をマラソン選手が走っています。
③ 私たちは足が棒になるまで歩きました。
④ 弟は母にきつく叱られました。
⑤ その一言が先生を怒らせました。
⑥ 一度、じっくりと話したいです。
⑦ もうすぐトマトが赤くなります。
⑧ アジサイがとても美しいです。
⑨ 一人で留学したころはとても寂しかったです。
⑩ 運動を続ければ丈夫になります。
⑪ その家はとてもきれいです。
⑫ その坂はとてもなだらかでした。
⑬ もうすぐ私たちは夫婦になるのです。
⑭ 私の好物はお寿司です。
⑮ 彼の父は教師でした。

[해답]
① 明日の卒業式には父母も参加する。(動詞／未来)
② 道路をマラソン選手が走っている。(動詞／現在)
③ 私たちは足が棒になるまで歩いた。(動詞／過去)
④ 弟は母にきつく叱られた。(動詞／過去／受け身)
⑤ その一言が先生を怒らせた。(動詞／過去／使役)
⑥ 一度、じっくりと話したい。(動詞＋たい／現在)
⑦ もうすぐトマトが赤くなる。(イ形容詞＋なる／未来)
⑧ アジサイがとても美しい。(イ形容詞／現在)
⑨ 一人で留学したころはとても寂しかった。(イ形容詞／過去)
⑩ 運動を続ければ丈夫になる。(ナ形容詞＋なる／未来)
⑪ その家はとてもきれいだ(である)。(ナ形容詞／現在)
⑫ その坂はとてもなだらかだった(であった)。(ナ形容詞／過去)
⑬ もうすぐ私たちは夫婦になるのだ(である)。(名詞＋なる＋の／未来)
⑭ 私の好物はお寿司だ(である)。(名詞／現在)
⑮ 彼の父は教師だった(であった)。(名詞／過去)

(3) 한 문장을 짧게 쓴다

한 문장을 짧게 쓴다. 이것은 알기 쉬운 문장을 쓰는 기본이라고 할 수 있다. 한 문장이 너무 길면 문장이 늘어지고 주어와 술어의 관계가 명쾌하지 않아 결과적으로 의미를 알 수 없는 문장이 되기 쉽다.

그런데 한국인은 일반적으로 일본인보다 문장을 길게 쓰는 경향이 있다. 200자 정도를 한 문장으로 쓰는 사람도 있다. 이럴 경우 문장이 뒤죽박죽되기 때문에 주의할 필요가 있다. 특히 일본어문장력이 부족한 사람들은 유의해야 한다. 기준으로써 한 문장이 60자를 넘을 때는 문장을 두 개 이상으로 나누는 것이 좋다.

다음은 긴 문장으로 쓴 문장과 짧은 문장으로 쓴 문장의 예이다. 잘 비교해 보자.

〈긴 문장의 예〉

> 今までの韓国上代史の檀君研究は、一言で言って、『三国遺事』を他の書と合わせて考え再創造した『三国遺事』の檀君を根拠とする「一つの民族」の検証でしかなく、中世の書だけでなく朝鮮時代に創造された「檀君」までをも含めて民族の祖とする檀君を創造し、その根本として『三国遺事』の檀君を存在させ、現在の韓国国民の古代史観を培ってきたといえる。

위의 문장은 하나의 문장으로는 너무 길다. 이것을 접속사 등을 넣어 네 개의 문장으로 나눈 것이 다음 문장이다.

〈짧은 문장의 예〉

> 今までの韓国上代史檀君研究は一言で言って、『三国遺事』を他の書を合わせて考えてきた。それは、再創造した『三国遺事』の檀君を根拠とする「一つの民族」の検証でしかなかった。即ち、中世の書だけでなく朝鮮時代に創造された「檀君」までをも含め、民族の祖とする檀君の創造である。そして、その根本として『三国遺事』の檀君を存在させてきた。こうして、現在の韓国国民の古代史観を培ってきたといえる。

위의 두 개를 비교해 보면 문장을 짧게 쓴 것이 긴 문장보다 이해하기 쉽다는 것을 알 수 있다. 소설 등과는 달리 논술문은 자신의 의견을 논리적으로 논하는 것으로, 독자가 이해하기 쉬운 문장을 쓰도록 노력해야 한다.

(4) 해석은 하나이다

시나 소설은 읽는 사람에 따라 내용의 해석이 다양하게 나뉜다. 그러나 논술문은 누가 읽어도 내용이 하나여야 한다. 읽는 사람에 따라 내용의 해석이 달라지면 그것은 이미 논술문이라고 할 수 없다.

때문에 아름다운 문장에 집착하지 말고 더욱이 난해한 문장이나 애매한 표현은 피하면서 명확하게 자기주장을 펴야 한다. 그리고 그 열쇠는 알기 쉬운 문장이다.

(5) 입말, 유행어, 약어 등을 사용하지 않는다

논술문은 채점관이 읽는 문장이다. 따라서 친구끼리 사용하는 젊은이들 말, 유행어, 약어(JK → 女子高生, KY → 空気読めない, HK → 話変わるけど 등)는 사용하지 않는 것이 원칙이다. 그러나 'NHK' 등 일반적으로 사용되는 단어는 일부러「日本放送協会」라고 쓰지 않고 그대로 사용해도 된다. 물론 차별용어인「気狂い, かたわ」등도 사용해서는 안 된다.

또한「！」나「？」등의 기호는 감정을 나타내는 것으로, 논술문에서는 사용하지 않는 것이 바람직하다. 이 이외에도 감정을 나타내는 기호는 사용하지 않도록 한다. 논술문은 주관적인 감정을 자제한, 객관적인 판단에 따른 문장이라는 점을 잊어서는 안 된다.

〈사용하기 쉬운 입말〉

なので(接続詞として)	→ だから／したがって
～だって	→ ～も
～なんか	→ ～など
～じゃない	→ ～ではない
～みたいな	→ ～ような
どっちか	→ どちらか
しないべき	→ するべきでない
～けど	→ ～が
そんな～	→ そのような～
わかんない	→ わからない

특히 회화에서는 축약형을 사용하기 때문에 주의해야 한다.

① 조사「は」에 관한 것
   のんじゃ　→　のんでは
   行っちゃ　→　行っては
   ありゃ　　→　あれは

②「~テ」형에 관한 것
  ＊「テ」가 남는 것
   歩いてく　→　歩いていく
   来てる　　→　来ている
   見てる　　→　見ている

  ＊「テ」가 남지 않는 것
   読んだげる　　　　　→　読んであげる
   ほっとけ　　　　　　→　ほおっておけ
   書いちまう/書いちゃう　→　書いてしまう

③「(仮定の)ば」에 관한 것
   行きゃ　　　　→　行けば
   売れりゃ　　　→　売れれば
   早けりゃ/早きゃ　→　早ければ

④ 기타 축약형
   友達んとこ　　→　友達のところ
   ったく　　　　→　まったく
   んーなもな　　→　そのなものは
   ふざけんじゃ~　→　ふざけるのではない~(ふざけるな)

(6) 모점(、)을 반드시 찍는다.
일본어는 띄어쓰기를 하지 않기 때문에 모점(、)의 역할은 한국어 이상으로 중요하다. 모점(、)을 찍지 않고 문장을 길게 쓰거나, 명백하게 틀린 곳에 찍으면 읽기 어려울 뿐 아니고 의미가 잘못 전달될 수도 있다. 또, 반대로 너무 많이 찍는 것도 읽는데 방해가 되기 때문에 주의해야 한다.

이 때문에 모점 사용 원칙을 잘 알아두는 것이 좋다. 이점에 대해서는 제1장 '6. 모점 사용법'에서 설명했으니 참조하기 바란다. 그러나 이 원칙은 어디까지나 원칙으로, 반드시 따라야 하는 것은 아니라는 점도 덧붙여 둔다.

2 내용면에서의 규칙

(1) 질문(문제) 자체를 부정하지 않는다

예를 들면 「グローバル化が進むのは好ましいか」라는 질문은 「바람직하지 않다」인지 「바람직하다」인지를 묻고 있다. 그럼에도 불구하고 「グローバル化を止めることはできないのだから、こんな質問は無意味だ」라고 답하면 질문 자체를 부정하는 것이 된다. 논술문은 '자신의 의견을 쓰는' 것이지만 질문 자체를 부정하는 행위는 시험에서는 허용되지 않는다. '바람직하다'인지 '바람직하지 않다'인지, 즉 Yes인지 No인지 한 쪽의 입장에서 답해야 한다.

(2) 감정적·도덕적으로 정하지 않는다

감정적·도덕적인 판단을 하면 논술문으로서는 성립하지 않는다. 「……するのは当然である」, 「言うまでもなく……である」, 「……であることは分かりきっている」라는 등의, 반대의견을 허용하지 않는 표현이 그것이다. 배경 설명도 없이 무조건 단언하는 듯 한 표현을 써서도 안 된다. 또 「……なのは残念だ」, 「……であってほしい」라는 등의 감상을 쓰는 것도, 「非常に」, 「とても」 등의 애매한 단어를 쓰는 것도 금물이다.

> 「当然」, 「残念」, 「許せない」 등의 주관적인 표현에 주의해야 한다.
> 무엇이 「当然」인지, 왜 「残念」, 「許せない」라고 느끼는지를 추궁하는 것이 논술문이다.

나아가 최근에는 인터넷 게시판 등에서 차별적인 말이나 폭력적이고 극단적인 표현을 서슴없이 쓰는 것을 자주 본다. 또 텔레비전 프로그램에서도 과격한 발언으로 자신의 존재감을 과시하는 연예인이나 평론가가 있다. 대게는 지식이 부족하거나 자기과시, 아니면 도발적인 의도가 숨어있는 경우다. 논술문에서는 절대로 그런 흉내를 내서는 안 된다. 인격을 의심받게 될 뿐이다.

(3) 추측·추론으로 문장을 끝내지 않는다

「～だろう」,「～であろう」,「～と思われる」등의 추측·추론으로 끝나는 문장이 있다. 그러나 논술문은 객관적 근거를 바탕으로 자신의 논리를 전개하는 것이기 때문에 결과가 추측·추론으로 끝나서는 안 된다. 그것은 자기논리에 자신이 없다고 고백하는 것과 같다. 설령 자기의견에 자신이 없더라도 「～だ」,「～である」로 문장을 맺는 것이 바람직하다.

(4) 논점이 흐려지지 않도록 한다

초보자의 문장에서 가장 많이 볼 수 있는 것이 논점이 흐려진 문장이다. 쓰다보면 논점이 흐려지기도 하고, 도중에 갑자기 논리가 비약하기도 한다. 이렇게 되면 일관된 논술문이 되지 않는다. 논술문을 쓰는데 주의해야 하는 포인트 중 하나다.

또, 수험생들이 가장 고민하는 부분도 이 점이다. '주의를 기울여도 나도 모르게 논점이 흐려진다'고 말하는 사람이 많다. 그런 사람은 '나는 어느 부분에서 논점이 흐려지는가'를 똑바로 자각하는 것이 중요하다.

논점이 흐려지는 몇 가지 패턴이 있다.

a.「問題提起」자체가 명확하지 않다.
b.「意見提示」의 「しかし……」부분이 명확하지 않다.
c.「意見提示」의 「しかし……」부분과 「展開」내용이 명확하지 않다.
d.「問題提起」와 「展開」내용에 일관성이 없다.
e.「問題提起」와 「結論」에 일관성이 없다.

> 형식(3.논술문의 형식을 참조)에 따라 구성을 미리 메모해 두면 논점이 흐려지는 것을 막을 수 있다.

(5) 나열하지 않는다

자기논리를 전개하기 위해 생각나는 대로 근거를 나열하는 것도 초보자들에게 흔히 볼 수 있는 패턴이다. 당연히 많은 것을 쓰면 쓸수록 하나하나의 설명이 엉성해져 설득력이 없어진다. 1000자 정도의 글자 수 제한이라면 가장 자신 있는 근거를 하나만 선택하고 나머지는 과감히 버리는 용기가 필요하다. 하나에 집중해서 정확하게, 구체적으로 논함으로써 설득력 있는 논술문이 된다. 이 점을 염두에 두어야 한다.

> 답안을 다시 읽어보고 4부 구성((3.논술문의 형식을 참조)인 경우, 제3부 '자기의견을 쓴다' 부분에서 「また」,「さらに」등의 접속사를 사용하고 있다면, 그 앞뒤에서 논점이 바뀌지 않았는지 체크해야 한다.

(6) 변명투의 표현은 쓰지 않는다

자기 의견에 자신이 없으면 변명하듯이 쓰게 된다.「何が言いたいのか分からなくなってしまったが」,「こんな問題はこれまで考えたこともなかったが」 등의 내용이다. 그러나 가령 겸손하게 쓰려는 의도라도 논술문에서 이러한 표현은 역효과다. 설령 정말로 그 문제에 대해 생각한 적이 없더라도 마치 생각했던 것처럼 자신감을 가지고 Yes인지 No인지를 분명하게 주장하는 것이 논술문 작성법이다. 거짓말일 수 있지만 중요한 것은 수험생의 사고능력을 테스트하는 것이 논술시험인 것을 잊어서는 안 된다.

(7) 구체성이 없는, 추상적인 것만 써서는 안 된다

어려운 용어를 사용해 추상적인 것만을 쓰는 사람이 있다. 어설픈 지식에 자신감 없는 사람들에게서 흔히 볼 수 있는 패턴이다. 대개는 자기 자신도 무슨 말을 하는지 모른다. 이런 문장은 설득력 있는 논술문이 될 수 없다.

추상적인 것을 쓰려면 그것을 정확히 구체적으로 설명해야 설득력 있는 논술문이 된다. 물론 구체적인 예만 나열해서는 안 되고, 그 경우에는 마지막에 일반화하는 작업이 필요하다. 구체와 추상의 균형을 맞춤으로써 비로소 좋은 논술문이 된다.

〈짧은 문장의 예〉

情報化が進むと、インターネットの世界に埋没して、直接的なコミュニケーションの欠落する人が増える。すると、現実感覚がなくなって、社会性のない人間ばかりになってしまう。

지식이 있는 것 같이 보이지만, 설명이 부족하기 때문에 하나하나의 말의 해석이 달라서 사람에 따라 각기 다른 의미로 해석할 우려가 있다. 예를 들면「インターネットの世界に埋没」을 사람에 따라서는 '24시간 인터넷 하는 것'을 연상하고, 또 다른 사람은 '모든 것(조사, 쇼핑 등)을 인터넷으로 처리하는 것'을 연상할 것이다. 또「社会性のない人間」은 범죄자를 의미하는지 또는 요즘의 은둔형 외톨이를 의미하는지, 혹은 협동성이 없는 이기주의자를 가리키는지 필자의 의도를 알 수 없다. 이와 같이 사람마다 해석이 달라서는 논술문이라고 할 수 없다. 논술문은 누가 읽어도 같아야 한다.

〈문제점〉

①「インターネットの世界に埋没」→ 감각적으로는 이해할 수 있지만, 구체적인 설명이 없기 때문에 필자가 의도하는 바를 알 수 없다.

② 「直接的なコミュニケーションの欠落する人が増える」→ 왜 그런지 구체적인 설명이 없다.
③ (5)의 '나열하지 않는다'와도 관련되는데, 추상적인 것만 쓰다 보면 글자 수가 늘지 않기 때문에 자칫 논점을 나열하는 결과가 되기 쉽다.

〈수정문〉

> 情報化が進むと、何もかもインターネットを通じてすませるケースが増える。すると、どうしても生身の人間と交流する機会が減ってしまう。だが、人間は、生身の人間とコミュニケーションをすることで、現実感覚を身につけ、社会性を養っていくものだ。それなのに、そうしたコミュニケーションがなくなれば、現実感覚がなくなって、社会性のない人間ばかりになってしまう。

＊「インターネットの世界に埋没する」
 → 작자가 의도하는 바는 구체적으로 「何もかもインターネットを通じてすませる」이다.

＊ 왜 「直接的なコミュニケーションの欠落する人が増える」인가
 → 「何もかもインターネットを通じてすませるケースが増える。すると、どうしても生身の人間と交流する機会が減ってしまう」 때문이다.

＊ 왜 「現実感覚がなくなって、社会性のない人間ばかりになってしまう」인가
 → 「人間は、生身の人間とコミュニケーションをすることで、現実感覚を身につけ、社会性を養っていくものだ。それなのに、そうしたコミュニケーションがなくなれば、現実感覚がなくなって、社会性のない人間ばかりになってしまう」 때문이다.

이상과 같이 「수정문」은 「추상적인 문장」과 비교해, 추상적인 생각에 구체적인 근거를 덧붙임으로서 자신의 주장을 설득력 있는 문장으로 바꾸고 있다.

(8) 글씨는 성의 있게 정확하게 쓴다

글씨가 지저분하다고 해서 감점되는 것은 아니다. 그러나 알아보기 힘든 글씨로 쓴 문장은 아무래도 문장 자체를 읽기 힘들고, 그에 대한 평가도 낮아지게 된다.

예를 들면 같은 문장이라도 깨끗하게 또박또박 쓴 문장과 읽기 힘든 지저분한 글씨로 쓴 문장을 비교했을 때 의도적은 아니라도 전자가 좋은 문장처럼 보인다. 러브레터를 받았을 때 같은 문장이라도 깨끗한 글씨와 지저분한 글씨와는 그 마음의 전달이 달라지는 것을 생각하면 이해할 수 있을 것이다.

그러나 설령 글씨가 서툴더라도 해서체로 또박또박 쓰면 읽기 편하고, 쓴 사람의 성의가 전해져서 당연히 문장으로서의 평가가 높아진다.

또 논술시험의 필기도구로서 연필이 지정되었을 경우, 흐린 글씨는 읽기 불편하니 HB이상의 진한 연필로 쓸 것을 권한다.

최근에는 컴퓨터를 주로 사용하면서 리포트를 손으로 쓰는 일이 적어졌지만, 시험은 모두 손으로 쓰기 때문에 평소부터 쓰는 연습을 해 두는 것이 좋다.

3 글자 수 제한의 규칙

논술문 문제에는 반드시라고 해도 좋을 만큼 「○○字以內」, 「○○字程度」, 「□□字以上○○字以內」라는 식으로 글자 수를 제한한다. 이때 그 제한 글자 수에 꼭 맞게 써야한다고 생각하는데, 그렇지는 않다. 쓸 것이 없는데 억지로 글자 수를 채우기 위해 쓰다 보면 논점이 흐려질 우려가 있다.

다음은 제한 글자 수에 어느 정도 쓰면 좋은지 간단히 살펴보기로 한다.

(1) 「○○字以內」

이상적으로는 90%이상 쓰는 것이 좋지만 80%를 넘으면 괜찮다. 즉 글자 수 부족으로 감점이 되지는 않는다. 예를 들면 「800字以內」라면 720자 이상 쓰는 것이 좋지만 640자 이상 되면 괜찮다. 단, 800자에서 한 글자라도 초과하거나 절반 이상 못 썼을 경우, 평가 대상에서 제외되는 경우도 있기 때문에 주의해야 한다.

(2) 「○○字以上」

가장 일반적인 패턴이다. 이것은 「○○字以上」보다 한 글자라도 많이 쓰면 된다. 단, 한 글자라도 부족하면 평가 대상에서 제외되는 경우가 있기 때문에 주의해야 한다.

또 아무리 많이 써도 감점 대상은 되지 않지만 그렇다고 해서 많이만 쓰면 좋은 것은 아니다. 지나치게 많이 쓰면 정리하는 능력이 부족한 것으로 보일 수 있기 때문에 바람직하지 않다. 즉 「○○字以上」이라고 되어 있으면 시간적으로 그 글자 수가 적당하다는 것으로, 내용도 그 범위 내에서 정리하라는 의미다.

(3)「○○字程度」

명확한 제한이 없기 때문에 망설여질 수 있다. 「○○字」 ±10% 이내로 정리하는 것이 이상적이고, 20% 이내이면 된다. 「800字程度」라면 720자에서 880자가 이상적이고 640자부터 960자 정도면 된다.

또 이것은 「○○字」 정도로 문장을 정리하라는 의미로 절반 이상 쓰지 못했을 경우 평가 대상에서 제외되고, 또 너무 많이 써도 정리하는 능력이 부족한 것으로 보여 감점 대상이 된다.

(4)「□□字以上○○字以内」

이것은 명쾌하다. 「450字以上500字以内」라는 지극히 제한적인 범위를 제시하는 경우나, 「600字以上1000字以内」와 같이 상당히 폭 넓게 제시하는 경우가 있는데, 양쪽 모두 정해진 범위에서 한 글자라도 부족하거나 많으면 탈락이다.

여기서 「600字以上1000字以内」처럼 범위가 넓은 경우 '600자에 꼭 맞게 쓰면 너무 적으니까 무리하게 라도 900자 정도 쓰자'라고 생각하기 쉽다. 그러나 그럴 필요는 없다. 그래서 300자나 쓸데없는 것을 쓰다 보면 논점이 흐려지거나 애매해져서 오히려 설득력 없는 문장이 되기 쉽다. 「600字」를 한 글자라도 넘고 「1000字」 이내면 된다.

(5) 글자 수 세는 법(원고지의 경우)

기본적으로 제1장 「4. 원고지 사용법」을 참고하면 문제는 없다. 특별한 설명이 없는 한, 구두점이나 괄호, 단락 바꿀 때 생기는 공백도 글자 수에 포함된다. 쉽게 말하면 한 줄에 스무 칸인 원고지로 「800字以内」라는 글자 제한이라면 40줄 이내에 쓰라는 의미다. 바꿔 말하면 41줄 째에 한 글자라도 걸려있으면 글자 수 초과로 탈락된다.

또 구두점(、, 。)이나 닫는 괄호(」, 』, 〉,])가 줄의 첫 자리에 올 때는 그 앞 줄 마지막 칸에 쓰는 것이 원칙인데, 그 경우에는 그 구두점은 글자 수로 세지 않는 것이 보통이다. 단 글자 수 세는 법에 설명이 있으면 거기에 맞춰서 써야 한다.

(6)「○行以内」

이것도 10% 이내로 마무리 하는 것이 이상적이고 20% 이내이면 된다. 예를 들면 「30行以内」라고 되어 있으면 27~30줄로 쓰는 것이 이상적이지만 24~30줄까지 괜찮다. 이것도 절반 이상 쓰지 않으면 평가 대상에서 제외된다.

「○○行以上」, 「○○行程度」, 「□□行以上○○行以內」도 글자 수와 같다. 또 단락이 바뀌는 앞줄이나 마지막 줄은 한 글자밖에 쓰지 않더라도 한 줄로 센다. 그러나 줄 수를 늘이기 위한 의도적인 줄 바꿈은 감점의 대상이 되기 때문에 주의해야 한다.

(7) 원고지 이외의 용지에 쓰는 한 줄의 글자 수

교원채용시험 등의 경우, 답안지는 원고지가 아니고 줄이 그어진 것으로 '몇 줄로 써라'고 제시되어 있을 뿐이다. 문제는 한 줄에 몇 자정도 쓰면 좋은지 이다. B4용지의 경우 한 줄에 대략 30자 전후로 쓰면 된다. 그러나 이것은 답안지에 따라 다르니 유의해야 한다.

이때 줄 폭도 생각해서 쓰도록 한다. 줄에 꽉 차게 쓰는 것도, 너무 작게 쓰는 것도 좋지 않다. 줄 윗부분을 20~30% 비워 두고 쓰는 것이 좋다. 또 글자를 너무 빼곡히 쓰는 것도, 한자와 히라가나의 크기가 너무 차이가 나는 것도 피하도록 한다.

〈나쁜 예1〉 글자를 너무 작게 쓰면 읽기 힘들고 또한 같은 시간에 많은 양을 써야 한다.

　　小説「こころ」で、はたして天皇制を容認しているのだろうか。
　　確かに、乃木大将の死は、西南戦争の時敵に旗を奪われ(天皇に)申し訳なく思い続け、天皇の死を機会に死んだことから殉死といえる。この殉死に対し、「私」は「思わず妻に殉死だ殉死だと云いました」と興奮し、それに従うように自殺している。そして、それ以前に「殉死に対して無論笑談に過ぎない」といいながらも、「その時何だか古い不要な(略)心持がしたのです」と言い殉死を評価している。
　　しかし、「私」は、乃木大将の死に対し「生きていた三十年が苦しいか、また刀を腹へ突き立てた一刹那が苦しいか」と、自分が犯した罪に悩み抜いた人生の結果として共感を持ったが、乃木大将のように天皇に対し申し訳ないという感情はそこには存在していない。
　　即ち、「私」の自殺は天皇制とは関係のない、(「私」の)罪の償いを行った結果である。

〈나쁜 예2〉 글자를 빼곡히 쓰면 읽기 힘들고 또한 같은 시간에 많은 양을 써야 한다.

　　小説「こころ」で、はたして天皇制を容認しているのだろうか。
　　確かに、乃木大将の死は、西南戦争の時敵に旗を奪われ(天皇に)申し訳なく思い続け、天皇の死を機会に死んだことから殉死といえる。この殉死に対し、「私」は「思わず妻に殉死だ殉死だと云いました」と興奮し、それに従うように自殺している。そして、それ以前に「殉死に対して無論笑談に過ぎない」といいながらも、「その時何だか古い不要な(略)心持がしたのです」と言い殉死を評価している。
　　しかし、「私」は、乃木大将の死に対し「生きていた三十年が苦しいか、また刀を腹へ突き立てた一刹那が苦しいか」と、自分が犯した罪に悩み抜いた人生の結果として共感を持ったが、乃木大将のように天皇に対し申し訳ないという感情はそこには存在していない。
　　即ち、「私」の自殺は天皇制とは関係のない、(「私」の)罪の償いを行った結果である。

〈나쁜 예3〉 선에 따라 쓰지 않아서 글자에 안정감이 없다. 이것이 손 글씨라면 특히 그렇다.

　　小説「こころ」で、はたして天皇制を容認しているのだろうか。
　　確かに、乃木大将の死は、西南戦争の時敵に旗を奪われ(天皇に)申し訳なく思い続け、天皇の死を機会に死んだことから殉死といえる。この殉死に対し、「私」は「思わず妻に殉死だ殉死だと云いました」と興奮し、それに従うように自殺している。そして、それ以前に「殉死に対して無論笑談に過ぎない」といいながらも、「その時何だか古い不要な(略)心持がしたのです」と言い殉死を評価している。
　　しかし、「私」は、乃木大将の死に対し「生きていた三十年が苦しいか、また刀を腹へ突き立てた一刹那が苦しいか」と、自分が犯した罪に悩み抜いた人生の結果として共感を持ったが、乃木大将のように天皇に対し申し訳ないという感情はそこには存在していない。
　　即ち、「私」の自殺は天皇制とは関係のない、(「私」の)罪の償いを行った結果である。

〈나쁜 예4〉 줄에 꽉 차게 쓰는 것도 읽기 힘들다.

　　　小説「こころ」で、はたして天皇制を容認しているのだろうか。
　確かに、乃木大将の死は、西南戦争の時敵に旗を奪われ(天皇に)申し訳なく思い続け、天皇の死を機会に死んだことから殉死といえる。この殉死に対し、「私」は「思わず妻に殉死だ殉死だと云いました」と興奮し、それに従うように自殺している。そして、それ以前に「殉死に対して無論笑談に過ぎない」といいながらも、「その時何だか古い不要な(略)心持がしたのです」と言い殉死を評価している。
　しかし、「私」は、乃木大将の死に対し「生きていた三十年が苦しいか、また刀を腹へ突き立てた一刹那が苦しいか」と、自分が犯した罪に悩み抜いた人生の結果として共感を持ったが、乃木大将のように天皇に対し申し訳ないという感情はそこには存在していない。
　即ち、「私」の自殺は天皇制とは関係のない、(「私」の)罪の償いを行った結果である。

〈좋은 예〉 글자 간격을 적당히 두고 선에 따라 쓰며 줄 윗부분을 20~30% 비워 두고 쓰는 것이 좋다.

　　　小説「こころ」で、はたして天皇制を容認しているのだろうか。
　確かに、乃木大将の死は、西南戦争の時敵に旗を奪われ(天皇に)申し訳なく思い続け、天皇の死を機会に死んだことから殉死といえる。この殉死に対し、「私」は「思わず妻に殉死だ殉死だと云いました」と興奮し、それに従うように自殺している。そして、それ以前に「殉死に対して無論笑談に過ぎない」といいながらも、「その時何だか古い不要な(略)心持がしたのです」と言い殉死を評価している。
　しかし、「私」は、乃木大将の死に対し「生きていた三十年が苦しいか、また刀を腹へ突き立てた一刹那が苦しいか」と、自分が犯した罪に悩み抜いた人生の結果として共感を持ったが、乃木大将のように天皇に対し申し訳ないという感情はそこには存在していない。
　即ち、「私」の自殺は天皇制とは関係のない、(「私」の)罪の償いを行った結果である。

3. 논술문의 형식

'Yes인지 No인지 논하는 것이 논술문'이라고 해도, 그것만으로는 실제로 어떻게 써야 할지 잘 모를 것이다. 그래서 논술문의 '형식'을 이해해야 한다.

'형식'이란 무엇인가. 논리적인 문장을 쓰기 위해 필요한 순서를 말한다. 생각나는 대로 써서는 결코 논리적인 문장이 되지 않는다. 사안에 대해 생각하기 위해서는 일정한 순서가 필요하다. 그것을 문장 구성에 응용한 것이 지금부터 배울 '형식'이다. 즉 '형식'에 따라 문장을 구성하면 자연스럽게 논리적인 문장이 되고 작문이나 수필이 아닌 '논술문'이 된다.

'형식에 맞춰 쓴다'고 하면 왠지 기계적이고 지루한 문장이 될 것이라고 생각할 수도 있다. 그러나 그것은 잘못된 생각이다. 작문이나 수필이라면 모르겠지만, 논술문을 쓰는데 형식을 파괴한 문장은 필요 없다. 독자를 얼마만큼 논리적으로 설득시킬 수 있는지가 논술문의 포인트다. 날카로운 논점이나 착안점이 있고, 그것을 설득력 있게 논증하고 있으면 그것이 논술문의 '개성'이 된다. 즉, 아름다운 문장으로 감동시키는 것이 아니고, 논리적인 내용으로 납득시키는 것이 '논술문'인 것을 유의해야 한다.

또 '형식'을 숙지하면 '어떻게 쓰면 좋은가' 일일이 생각하지 않아도 된다. 이것은 시간적으로 여유가 없는 시험장에서는 매우 중요하다. 어떤 문제라도 먼저 '형식'에 맞춰서 구성할 수 있으면 시간을 크게 절약할 수 있다.

우선 일반적으로 논문 등의 작성요령인 기본형(3부 구성)을 이해하고, 그 다음에 논술문에 가장 적합한 4부 구성을 습득하기 바란다.

1 기본형(3부 구성)

서론 – 도입부. 무엇을 논할 것인지 "장場(주제)"을 설정.
　　　 문제를 분석해서 구체적인 질문(명제)을 구성.
　　　 즉, 논점을 한정·명시하거나 가설을 세운다.

본론 – 논증부(論証部). 논점을 전개하고 자신의 주장을 펴거나 논리의 근거를 제시한다.
　　　 논리의 일관성과 설득력이 중요.
　　　 사실(체험, 전언, 데이터) + 의미부여 → 보편화
　　　 지식(이론), 대립적 의견을 비판

결론 – 주장 요약부. 본론의 논증으로 도출된 주장을 다시 정리한다.
　　　 문제해결을 위한 제안이 되기도 한다.

2 3부 구성의 내용

〈서론〉

① 문제에서 무엇을 묻고 있는지, 어떤 답을 하면 좋은지 정확히 파악한다.

② 추상적인 문제인 경우, 구체적인 내용으로 치환한다.

③ 문제의 내용을 파악했으면 그에 대한 자신의 의견을 제시한다. 그리고 논지를 어떤 방향으로 전개할지 생각한다.

〈본론〉

① 명석한 흐름을 생각한다. 내용과 관계없는 것은 쓰지 않도록 한다.

② 구체적인 논점을 제시했으면 반드시 그것에 대한 의미를 부여하고 일반화, 보편화한다.

③ 널리 알려진 이야기 등은 가급적 피하고, 쓰더라도 아주 간결하게 쓴다.

④ 소설이 아니므로 자세한 부분까지 장황하게 사실묘사를 하거나 정서적 표현은 하지 않도록 한다.

⑤ 구체적인 이야기 뿐만 아니라 이론으로 논증한다.

⑥ 사실과 평가, 상상 등을 구별해서 쓴다.

⑦ 주장에는 반드시 반론이 있는 것을 생각하고, 그에 대한 재반론도 고려한다.

〈결론〉

① 본론의 연장선상에서 주장을 마무리 한다. 갑자기 떠오른 것 같은 결론을 덧붙여서는 안 된다.

② 「私は〜したい」라는 등의 노력 목표나 결의를 쓰는 것은 좋지 않다. 평가받는 것은 어디까지나 논리적 주장이다.

③ 서론·본론에서 제시한 가설이나 주장을 그대로 반복하는 것은 좋지 않다.

④ 간결하게 맺을 수 있도록 한다. 할 말은 이미 본론에서 다했기 때문에 간결하게 마무리 하는 것이 효과적이다.

⑤ 반사회적인 내용이나 불쾌한 감정을 갖게 하는 결론은 피하는 것이 좋다.

> 3부 구성은 기본이지만 짧은 문장을 쓸 때 더욱 어려울 수 있다. 특히 본론에서의 논리 전개에서 혼란스러워질 수 있고, 단락 구분을 잘 못할 가능성도 있다. 초보자 또는 문장력이 없는 사람에게는 다음의 4부 구성이 바람직하다.

4. 4부 구성

이것은 기본형인 3부 구성의 '본론'을 '제2부'와 '제3부'로 나누어, 내용을 명확하게 구별하는 방법이다.

> 서론 → 제1부, 본론 → 제2부·제3부, 결론 → 제4부

이렇게 하면 논리의 전개가 알기 쉽고, 단락에 신경 쓸 필요도 없이 4개의 단락으로 나누면 된다. 특히 본론을 쉽게 쓸 수 있다.
다음은 4부의 각각에 무엇을 쓰면 좋은지 설명하기로 한다.

1 구성

(1) [제1부] (문제제기 + 자신의 입장) – 분량은 전체의 10~20%
　　논점을 명확히 하는 부분 → Yes 또는 No의 문제제기를 분명하게!

* 문제제기란 무엇에 대해 Yes 또는 No를 명확하게 하는 것으로 신중을 기해야 한다. 이것을 잘못하면 다음 문장이 성립하지 않는다. 따라서 여기서는 무엇에 대해 어떤 말을 하고 싶은지를 제시해야 한다.

* 일반론으로 시작하지 말 것. 예를 들면 「グローバル化」라는 문제가 출제되었을 때 먼저 글로벌화에 대해 장황하게 설명하는 수험생이 있다. 그러나 여기서 묻는 것은 「グローバル化」에 대한 수험생의 생각이지 그에 대한 지식을 묻는 것이 아닌 것을 명심해야 한다.

* 문제제기는 하나로 집중할 것. 복수로 문제제기를 하면 모든 것을 논해야 하고 본론인 제2·3부가 복잡해져서 논점이 흐려질 우려가 있다.

* 처음에 Yes인지 No인지를 명확히 함으로써 자신이 논하고자 하는 것을 채점관에게 정확하게 전달

할 수 있고, 이 때문에 문장력이 없어도 자신의 논리를 잘 전달할 수 있다. 끝까지 Yes인지 No인지를 명확하게 밝히지 않는 문장은 문장력도 없고 논점도 없는 문장으로 보이기 쉽다. 그러나 여기서 Yes 또는 No의 견해까지 써버리면 제2·3부에서 쓸 것이 없어지기 때문에 문제제기만으로 끝내도록 한다.

＊ 문제의 설명을 길게 쓰지 않도록 한다. 이것을 도입으로 생각하는 사람이 있는데 오히려 초점이 흐려진다.

(2) [제2부] (자신과 반대의견을 제시) – 분량은 전체의 10~30%
균형을 위해 자신과 반대되는 의견을 먼저 제시하는 부분
→ 「確かに、…」를 사용해서 입장을 명확하게!

＊ 반대의견은 하나만 제시한다. 반대의견을 복수로 제시하면 제3부에서 모두 부정해야하기 때문에 복잡해지고 논점이 흐려질 우려가 있다.

＊ 여기서 반대의견을 지나치게 논리정연하게 서술하면 제3부에서 반박해야하는 자신의 의견이 상대적으로 약해지기 때문에 주의한다.

＊ 논술문에서는 「～だろう」, 「～と思われる」 등의 말을 사용하지 않는 것이 원칙이다.

＊ 자신의 입장과 반대 의견을 제시한 후, 곧장 부정하는 방법도 있다. 이때는 「しかし、…」로 시작하면 된다. 다만 문장력이 없을 경우 제2부 '나와 반대의견', 제3부 '나의 의견'으로 명확하게 나누는 것이 논리 전개에 도움이 된다. 이 경우 제2부에서는 자신과 반대의견만 제시하는 것이 좋다.

(3) [제3부] (자신의 의견을 전개) – 분량은 전체의 30~50%
자신의 의견을 뒷받침하는 부분 → 먼저 제2부의 의견을 부정하기 위해 「しかし、…」부터 시작하고 '왜 그렇게 말할 수 있는지'를 명확하게!

＊ 먼저, 제2부에서의 반대의견을 부정한 후에 자신의 의견을 뒷받침하도록 한다. 반대의견을 처음에 부정해 놓지 않으면 아무리 자신의 의견을 논리적으로 써도 반대의견이 부정되어 있지 않기 때문에 Yes와 No의 의견이 평행선을 달리는 상태가 된다.

＊ 분량이 가장 많은 부분이기 때문에 단락을 나눠도 좋다.

＊ 분량이 부족할 경우 이 부분에서 보충해야 한다. 그러나 여기서 의견을 길게 나열해서 논점이 흐려지지 않도록 주의해야 한다.

＊ 제2부 마지막에「しかし、…」를 사용해서 반대의견을 부정했을 경우에는「しかし、…」로 시작할 수 없다.

(4) [제4부] (Yes인지 No인지를 재차확인) - 분량은 전체의 5~20%
자신의 주장을 정리하는 부분 → 여기서 다시 한 번 Yes인지 No인지를 명확하게!

＊ 제3부에서 이미 결론을 썼어도 자신의 의견을 명확히 하기 위해서는 한 줄이라도 쓰는 것이 바람직하다.

(5) 4부 구성의 실제 예
지금까지 논술문에 대해 설명한 것을 참고로 하여 4부 구성으로 실제의 논술문을 작성하기로 하자.

테마 :「グローバル化」(600자 이상)

[제1부]
문제제기로서「グローバル化によって固有の文化が薄れる」라는 내용을 들어, Yes인지 No인지로 답하는 형식으로 했다. 그리고「好ましいのだろうか」에서 No라고 자신의 의견을 먼저 제시했다.

> 近年、グローバル化が進むにつれて、世界中に同じ価値観が広がり均質化していく一方で、各国の民族文化や地域固有の文化が薄れつつあることが問題になっている。はたして、こうした現状は好ましいのか。

이 문제에서 '글로벌화'에 대해 장황하게 설명하는 사람이 있다. 그러나 이 문제는 '글로벌화'에 대해 수험자의 생각을 묻는 것이지 '글로벌화'에 대한 지식을 묻는 것이 아니다. 그리고 '글로벌화'에 대한 지식이 있는 것을 전제로 한 문제이기 때문에 '글로벌화'에 대해 장황하게 상식적인 것을 씀으로써 오히려 지식이 없음을 드러내는 결과가 되기도 한다. 더욱이 문제제기 부분에서 불필요한 것을 쓰면 오히려 초점이 흐려진다.

> Yes인지 No인지로 대답하는 형식을 취함으로써 논점을 부각시킬 수 있다. 여기서 Yes 또는 No의 형식을 취하지 못하고, 예를 들면「グローバル化が進んでいる現状をどうすべきか」라는 질문으로 이해하면 초점이 흐려지기 때문에 주의가 필요하다.

[제2부]
글로벌화가 확대됨으로써 민주주의에 바람직하지 않은 풍습이나 관습이 개선된다고 하여, 자신의 견해와 반대인 Yes입장에서 이야기를 시작했다. 이때「確かに、～」로 시작하는 것이 좋다.

　　確かに、世界の民族文化の中には、民主主義にとっては好ましくない風習や慣習がある。例えば、女性にベールの着用を義務づけるイスラムの戒律などだ。そのために差別や抑圧を感じている人々も少なくない。人権のような普遍的な価値観が世界中に広がることは、民主的な世界の実現にとってはむしろ好ましいという考え方があるかもしれない。

여기서「～かもしれない」라고 추측으로 끝나고 있는데, 자신은 그렇게 생각하지 않지만 그렇게 생각하는 사람이 있다는 입장에서 이런 식으로 끝나는 것도 가능하다. 이것은 [제2부]에서만 가능하다. 그러나 원칙적으로 추측으로 끝나지 않는 것이 논술문인 것은 변함이 없다.

> 「確かに…」부분에서 반대의견을 제시함으로써 공평함이나 객관성, 넓은 시야를 주장할 수 있다. 반대 입장을 근거로 생각함으로써 대립점이 명확해지고 자신의 논리도 깊어진다. 반대 의견이 제시되지 않으면 단순히 일방적으로 자기 의견을 서술하는 의견문에 지나지 않고, 논술문이라 할 수 없다.

[제3부]

의견의 평행선을 피하기 위해 제2부에서의 견해를 '전통적인 생활양식', 즉 아이덴티티 문제의 측면에서 부정한다. 그 다음에 자신의 의견인 민족적 아이덴티티의 필요성을 논리적으로 설명한다.

> しかし、それでも、このまま文化の均質化が進むのは好ましいことではない。固有の文化というものは、文学や芸術、伝統的な生活様式やものの考え方なども含むものであって、その国や民族にとってはアイデンティティのよりどころの一つとなっている。たとえば民主主義の価値観にそぐわない風習や慣例であっても、その文化の担い手にとっては大切なものであることが多い。とりわけ、かつてのユダヤ人のように自分の国を持たず、社会的な差別を受けることの多い少数民族にとってはそうだ。彼らにとっては、自分達の文化だけがアイデンティティのよりどころとなっている。そのため、民族固有の文化が薄れて、大国の文化へと同化してしまえば、民族としてのアイデンティティが失われてしまう。そうなると、民族文化によって自分のアイデンティティを保っている人々にとっては、個人としてのアイデンティティまでも奪われてしまうことになるのだ。

여기서 '민주주의' 자체는 절대적인 것으로 부정할 수 없다. 이 때문에 전제로서 '어떤 민주주의 관점에서 보면 올바르다', 그 자체는 부정하지 않고 그러나 '민족적 아이덴티티는 필요하다'로 시작할 수 밖에 없다.

> '전개'에서는 자칫 여러 가지 논점을 나열하기 쉬운데, 가능한 하나의 초점에 집중해서 그것을 파고들어 전개하는 것이 중요하다. 그렇지 않으면 애매하고 설득력이 없는 논술이 된다.

[제4부]

다시 한 번 자신의 견해 No가 올바르다는 것을 주장한다.

> 従って、私は文化の均質化がこのまま進むのは好ましくないと考える。グローバル化のあり方そのものを、もう一度見直すべきだと思う。

> '결론'에서 불필요한 것을 쓸 필요는 없다. 이것저것 쓰다가 마지막 부분에서 논점이 흐려지는 것이 가장 위험하다.

[완성문]

이상의 내용을 연결하면 다음과 같은 완성문이 된다.

　近年、グローバル化が進むにつれて、世界中に同じ価値観が広がり均質化していく一方で、各国の民族文化や地域固有の文化が薄れつつあることが問題になっている。はたして、こうした現状は好ましいのか。

　確かに、世界の民族文化の中には、民主主義にとっては好ましくない風習や慣習がある。例えば、女性にベールの着用を義務づけるイスラムの戒律などだ。そのために差別や抑圧を感じている人々も少なくない。人権のような普遍的な価値観が世界中に広まることは、民主的な世界の実現にとってはむしろ好ましいという考え方があるかもしれない。

　しかし、それでも、このまま文化の均質化が進むのは好ましいことではない。固有の文化というものは、文学や芸術、伝統的な生活様式やものの考え方なども含むものであって、その国や民族にとってはアイデンティティのよりどころの一つとなっている。たとえば民主主義の価値観にそぐわない風習や慣例であっても、その文化の担い手にとっては大切なものであることが多い。とりわけ、かつてのユダヤ人のように自分の国を持たず、社会的な差別を受けることの多い少数民族にとってはそうだ。彼らにとっては、自分達の文化だけがアイデンティティのよりどころとなっている。そのため、民族固有の文化が薄れて、大国の文化へと同化してしまえば、民族としてのアイデンティティが失われてしまう。そうなると、民族文化によって自分のアイデンティティを保っている人々にとっては、個人としてのアイデンティティまでも奪われてしまうことになるのだ。

　従って、私は文化の均質化がこのまま進むのは好ましくないと考える。グローバル化のあり方そのものを、もう一度見直すべきだと思う。

2 문제제기를 어떻게 쓸 것인가

문제를 정확히 이해하고 '문제제기'를 할 수 있으면 논술문의 50%는 완성되었다고 해도 좋다. 그렇기 때문에 시간을 충분히 가지고 생각하도록 한다.

(1) 주제를 작게 압축한다

논술문에서는 자신의 의견을 명확하게 드러내야 한다. 그러나 출제 방식은 예를 들면 '저출산 사회에 대해서', '글로벌화', '한국의 신학기는 3월'처럼 막연한 경우가 많다. 문장 뿐 아니고 막연한 질문은 막연하게 대답할 수밖에 없다.

주제를 그대로「少子化社会についての自分の意見は……」라는 등의「少子化社会」전반에 대해 쓰려고 하면, 흔한 일반론이 되어 실패하기 쉽다. 즉「少子化社会は急速に進み、少子化対策は深刻……」등과 같이 어디에나 있을 법한 견해를 쓰기 쉽다. 또한 막연하게 답하려고 하면 초점이 맞지 않는 문장, 또는 일반론이나 추상론으로 끝나는 문장이 된다. 또 무엇을 써야 하는지 모르게 되는 경우도 있다.

이런 경우에는 테마를 작게 압축해서 문제를 제기해야 한다.「少子化社会について」라는 주제라면, 예를 들어「少子化社会を解消するために、政府の育児教育支援は必要」등의 문제를 제기할 수 있다. 이렇게 하면 주제가 작게 압축되어 자신의 의견을 명확하게 제시할 수 있고, 초점이 분명한 문장이 된다.

그러나 무엇이든 닥치는 대로 주제를 압축하는 것은 아니다. 어디까지나 자신의 관심사, 즉 자신이 그 것에 대해 지식이 있는 분야로 압축해야 한다.

(2) 주제에서 벗어나지 않는다

문제제기를 할 때는 주어진 주제 범위에서 벗어나지 않도록 주의해야 한다.「少子化社会について」라는 주제를「少子化社会を解消するために、政府の育児教育支援は必要」라고 문제제기를 하는 것은 좋다. 저출산사회에서는 육아교육에 드는 비용을 지원함으로써 저출산을 막는다는 문제제기이기 때문에「少子化社会」라는 주제에서 벗어나지 않는다. 그러나「子供があって、始めて家族が形成される」라는 식으로 문제를 제기 한다면 어떨까? 문장은 가족론으로 전개되고「少子化社会」라는 주제에서 벗어나게 된다.

또 무의미한 문제제기를 하지 않도록 주의하는 것도 필요하다.「地球資源について」라는 주제에 대해「資源は有効活用すべきだ」라는 문제제기는 좋지 않다. 유한한 자원을 유효하게 활용하는 것은 당연한 것이고 일반상식이다. 이런 문제를 제기 하면 채점자는 그 수험생의 양식을 의심할 것이다. 문제제기를 하는 것은 주어진 주제 안에서 논점을 압축하고 자신의 의견을 명확하게 하기 위해서다. 문제제기를 하는 시점에서의 실패는 전체의 실패로 이어진다는 점을 잊어서는 안 된다.

(3) 추상적인 주제를 어떻게 쓸 것인가

「友情」,「会社」,「空気」,「自由」,「旅」. 이 주제들은 모두 과거에 일본의 대학입시 논술시험에 실제로 출제된 적이 있는 주제다. 그러나 이들 주제를 작문이 아니고 논술문으로 쓰는 것은 너무나 막연해서 무엇을 어떻게 써야 할지 망설여질 것이다.

이때 주제를 「自分にとっての……」라고 생각하면 된다. 자신의 일로 생각하면 무엇인가는 떠오를 것이다. 해결의 실마리가 거기에 있다. 예를 들어 「旅」라면 「自分にとっての旅」라고 생각한다. 「自分は海外旅行に行って異文化に触れた」, 「自分は旅によって貴重な体験をした」 등, 구체적인 에피소드가 떠오를 것이다. 이 에피소드를 바탕으로 여행에 대한 자신의 생각을 쓰면 설득력 있는 「旅」론이 된다.

특히 논술문에서 체험담은 귀중한 근거자료가 된다. 그러나 단순히 자신의 체험담으로 끝내는 것이 아니고 일반화시켜야 설득력 있는 '논술문'이 된다. 즉 「自分にとっては、旅は異文化に触れることができるものであるが、他人はどうか分からない」로는 논술문이 되지 않는다는 것이다. 「全ての人にとって、旅は異文化に触れることができるものである」라는 식으로 끝나야 한다.

(4) 주제를 다른 말로 연결한다

「自分にとっての……」라고 생각해도 도저히 쓸 것이 없는 주제를 만날 때가 있다. 이럴 경우에는 다른 말로 주제와 연결하는 것도 하나의 기술이다.

「縦の社会」라는 주제라면 「縦の社会と学校生活」 등, 다른 말과 연결해 본다. 학생 시절의 경험을 통해 무엇인가 생각나는 것이 있을 것이다. 학교생활에서 경험한 선배와 후배, 또 학교의 일방적인 규칙의 강요 등과 연결지어 내용을 정하면 된다.

이 경우 연결하는 말은 자신 있는 장르에서 가지고 오는 것이 좋다. 실제 경험이 없으면 구체적인 에피소드가 없기 때문이다. 이때 주제는 어디까지나 주어진 테마여야 하는 것을 잊지 않도록 한다. 학교생활만 써서 「縦の社会」와 관계없는 문장이 되지 않도록 주의가 필요하다.

> 논술문 시험에는 복수의 문제가 있어서, 그 안에 요약문제나 설명문제가 붙어있는 경우도 있다. 이 경우 논점이 분명하기 때문에 새로 문제제기를 할 필요는 없고, 곧장 Yes인지 No인지로 시작하면 된다.

3 논술문의 메모

시간이 부족하기 때문에 테마를 보고 즉시 쓰기 시작하는 사람이 많은데 그렇게 하면 수준 높은 논술문을 쓸 수 없다. 반드시라고 해도 좋을 만큼 쓰는 도중에 생각이 바뀌거나 더 좋은 생각이 떠오른다. 또한 처음부터 Yes인지 No인지를 정해서 쓰기 시작하면 도중에 논점에 바뀌는 경우도 있다. 이럴 경우 처음부터 다시 쓸 시간이 없고, 일부를 수정하면 오히려 전체적인 논리전개가 흐트러질 수 있다. 쓰기 전에 메모를 해서 내용과 구성을 탄탄하게 짜는 것이 중요하다는 점을 미리 말 해두고자 한다.

과제문을 읽고 즉시 쓸 내용이 떠올랐다 하더라도 메모를 작성하는 것을 잊지 말아야 한다. 대체로 내가 즉시 생각해내는 것은 누구나 생각하는 것이라는 점을 알아야 한다. 누구나 아는 내용을 써서는 차별화 할 수 없다. 게다가 내가 바로 생각해 냈다는 것은 자신의 편견이나 착각을 바탕으로 하는 경우가 많기 때문에 그것을 그대로 써서는 설득력이 없다. 또 '생각보다 쓰기 쉽다'고 생각 되어도 실은 수준 높은 요구를 하고 있는데 그것을 알아차리지 못했을 뿐인 경우도 적지 않다. 일반적으로 말하면, 과제문을 보고 바로 '좋아, 쓸 수 있어!'라고 생각한 경우일수록 주의가 필요하다.

먼저 메모를 하고 어느 쪽 의견이 유리한가를 판단하고, 그 후에 Yes 또는 No를 정해서 쓰기 시작하는 것이 좋다.

> 이미 말한 것처럼 메모할 때 한국어로 하지 말 것. 한국어가 쓰기 쉽지만 이것을 일본어로 옮길 때 문제가 생긴다. 메모한 한국어 문장은 자신의 일본어 능력보다 수준이 높다. 때문에 옮겨 쓰는 단계에서 일본어로 번역할 때 시간이 부족해질 수 있다. 또 사전을 사용할 수 없기 때문에 번역과정에서 한국식 일본어가 되기 쉽다. 또 번역과정에서 논리의 혼란에 빠지기 쉽다.
> 처음부터 자신의 실력에 맞는 일본어로 시작하기를 권한다. 일본어논술시험은 논리적으로 일본어문장을 쓸 수 있는지를 보는 문제로, 난해한 일본어나 아름다운 일본어를 요구하는 것이 아니다.

(1) 메모 요령

메모는 초안과는 본질적으로 다르다는 것을 먼저 이해해야 한다. 초안은 이미 '논술문'이 완성된 상태인 데에 반해, 메모는 '논술문' 또는 초안에 도달하기까지의 과정이다. 그리고 메모의 완성이 초안이다. 새로 초안을 쓰는 것이 아니고 메모를 수정해서 그것을 바탕으로 쓰면 된다.

문제는 메모 요령이다. 이것을 「自己の日本人論を述べよ」라는 주제로 설명하기로 한다.

「自己の日本人論を述べよ」라는 주제는 평소부터 생각하고 있던 테마로, 간단하다고 생각해서 즉흥적으로 쓰면 대략 다음과 같은 결과가 된다.

〈나쁜 예〉

　日本人は、勤勉、几帳面、かつ真面目な性格を持つ。簡素な生活を好み、自己主張が少なく、集団から突出することを嫌う。また日本人は、幼い頃から学校教育で勉強と並行して、身の回りの整理整頓と集団行動を徹底的に学ぶ。
　特に集団行動は、生活をしていく上で非常に重要であり、生活していく上での基本である。そのため、周囲と良く馴染み、回りをよく観察する。自己主張することなく意見を述べ、よく話し合う。
　このように集団行動に長けているため、世界の中で日本人が活躍しているのだと私は考える。
　これが私の日本人論である。

＊ 문제점 : 이것은 자신의 생각을 나열하고 있을 뿐, 논술이 아니다.「日本人の特徴をあげろ」라는 물음에 대한 대답일 뿐이다.

일본인론이라고 하면「武士道」,「恥の文化」,「縦の社会」,「甘えの構造」,「縮み志向」또는「内と外」,「本音と建前」,「礼儀正しさ」,「親切」등등, 셀 수 없이 많은 주제들이 떠오를 것이다. 그리고 무엇이든 쓸 수 있다고 생각할 것이다.

그러나「武士道」,「恥の文化」,「タテの社会」,「甘えの構造」,「縮み志向の社会」등은 제목으로 선택하지 않는 것이 좋다. 왜냐면 자기의 논리로 전개하기 위해서는 부정하거나 발전시켜야 한다. 그러나 위에서 거론한 일본인론은 하나의 론으로서 정착했고 이것을 부정 또는 발전시키기 위해서는 상당한 지식이 필요하다. 또한 시간적으로 분량적으로 불가능하여 결과적으로 론의 소개밖에 되지 않을 것이다.

이 중에는「本音と建前」,「礼儀正しさ」,「親切」등, 실제로 체험할 수 있는 소재를 선택하면 작성하기 쉽다. 그래서 일상적으로 체험 가능한「日本人は果たして親切か」를 문제제기로 들어 보았다.

여기부터 메모가 필요하다.

(2) 메모의 순서

① 제1부의 문제제기는 머리에 떠오르는 것을 모두 항목으로 쓴다. 이때 단어만 써도 된다.

② 제1부 문제제기 항목에서 하나를 선택해서 구체적인 문장으로 적어 둔다. 이때 Yes인지 No인지를 판단한다.

③ 제1부의 문제제기에 따라 Yes 또는 No의 입장에서 제2부와 제3부의 항목으로 머리에 떠오르는 것을 모두 적어 둔다. 항목 부분은 단어만 써도 된다.

④ 그러나 제2부와 제3부의 내용에 따라서 Yes인지 No인지의 논리가 바뀌는 경우가 있다. 이때는 망설이지 말고 제2부와 제3부의 내용에 맞춰서 제1부에서 제시한 자신의 입장을 Yes → No 또는 No → Yes로 궤도수정하면 된다. 자신의 생각을 고집할 필요는 없다.

⑤ 제2부와 제3부 항목에서 필요한 것을 선택해서 구체적인 문장으로 완성한다. 이때 제2부에서 선택하는 내용은 제3부에서 부정하기 쉬운 내용을 선택한다.

⑥ 메모에서 모든 문장을 연결해 초안을 만든다. 메모 상에서 수정을 반복하며 논술문을 완성시킨다. 이때 새로 초안을 만들 필요는 없다. 메모가 초안이다.

⑦ 마지막으로 재차 자신의 입장을 명확히 하여 제4부를 문장으로 만든다.

(3) 메모의 예

文段	項目	具体的な文章
第一部 問題提起	「武士道」、「縦の社会」、「恥の文化」、「縮み志向」、「内と外」、「本音と建前」、「礼儀正しさ」、「親切」 ＊여기서「親切」을 선택	一般に日本人は親切と言われているが、日本人は果たして親切か。 ＊이 질문은 No라고 문제를 제기하고 있는 것을 인식하도록.
第二部 自分と 反対意見を 提示	・食堂での接客態度が親切だ。 ・人の話を最後まで聞いてくれる。 ・バスの運転手が親切だ。 　道を聞いたとき、親切だった。	確かに、日本に行って食堂に入ったとき、笑顔で向かえ、メニューを進め、とても親切な接客態度が印象に残っている。 ＊실제 체험이라 할 수 있는 것이다.
第三部 自分の 意見の根拠を 提示	・経験から、日本人は親切ではなかった。自分の利益のため、親切にしているだけである。 ・日本人の親切さは訓練によるものである。	しかし、日本の食堂で働いたことがある友人の話を聞くと、店での接客態度は、一ヶ月ぐらいの訓練によるものである。

第三部 自分の 意見の根拠を 提示	・「本音と建前」からくる親切さである。日本人は、愛敬があるので、親切に感じるだけである。 ・欧米の人と、アジア人・アフリカ人とは区別する。	これは本音と建前というもので、自分の利益のため、親切にしているだけである。 また、愛敬があるので、そのように感じる。
第四部 結論	・日本人の親切さは利益追求のため。	日本人の親切さは利益追求のためで、本当の親切さではない。

＊'항목'은 단어만 써도 된다. '구체적인 문장'이 초안의 역할을 한다.

> 일본인은 친절하다는 실제 예를 드는 것은 간단할 것 같지만 그렇지만도 않다. 이 때문에 체험담이라는 형식을 취하면 좋다. 그런데 만일 체험담이 없으면 만들면 된다. 그것은 거짓말이긴 하지만 누구라도 체험 가능한 일이기 때문에 일반론보다 설득력 있을 수 있다. 시험이라는 점을 생각하면 괜찮다고 할 수 있다.

(4) 메모 내용을 연결한다

'(2) 메모의 순서' ⑥을 구체적으로 설명하면 다음과 같다.

여기서 메모의 '구체적인 문장'을 연결하는데, 새로 초안을 만들 필요는 없다. 같은 내용을 두 번 쓰는 것이 되어 시간낭비가 된다. 메모해 둔 내용을 보충하면서 정리하면 된다. 중요한 것은 항목의 메모가 있기 때문에 비로소 쓸 수 있다는 점을 잊어서는 안 된다.

메모 단계에서 문장을 연결하면 다음과 같다.

一般的に日本人は親切と言われているが、日本人は果たして親切か。
確かに、日本に行って食堂に入ったとき、笑顔で迎え、メニューを勧め、とても親切な接客態度が印象に残っている。
しかし、日本の食堂で働いたことがある友人の話を聞くと、店での接客態度は、一ヶ月ぐらいの訓練によるものである。これは本音と建前というもので、自分の利益のため、親切にしているだけである。
利益追求のための、親切さでしかない。

문제점 :「本音と建前」와 앞 문장이 이어지지 않았다.
→ 왜 훈련을 하는가. 결과적으로 이익추구라는 의미다. 이것은「本音と建前」에서 생겨난 것으로 이 부분을 문장으로 다듬을 필요가 있다.

(5) 메모를 수정한다

여기서도 새로 초안을 작성하는 것이 아니고 메모 내용을 보충해 가면 된다.

　一般に日本人は親切な国民と言われているが、果たしてそうだろうか。
　確かに、日本に行って食堂に入ったとき、笑顔で迎え、メニューを勧め、とても親切な接客態度が印象に残った。
　しかし、日本の食堂で働いたことがある友人の話を聞くと、店での接客態度は、一ヶ月ぐらいの訓練によるものである。<u>日本人社会には本音と建前があり、商売であることを考えれば、たとえ嫌な客でも客は客であり、常に笑顔で接することが義務づけられている。このため、訓練を通してまで接客態度を教えるのである。</u>そして、これが自分の利益につながることを肌で感じている。
　日本人の親切さは、利益追求のための訓練による賜物である。これは、社会全般に言える。

문제점 : 간결한 문장이지만 문장이 너무 짧아서 규정된 글자 수를 채우지 못하는 경우가 있다. 이때는 논점이 흐트러지지 않도록 제3부에 문장을 덧붙인다.

(6) 메모의 완성문

메모의 제3부 항목에서 골라 보충하면 된다. 「<u>また、日本人は、言葉から愛敬があり、自然とその立ち振舞いが親切に見える。これも、心からの親切さと言えないだろう。さらに、日本人は、欧米の人とアジアである韓国人と接する時の態度に違いがみられる。</u>」이때 「また」,「さらに」로 시작하면 된다. 재차 확인하는데 이것도 메모 내용에 보충해서 쓰면 된다.

　一般に日本人は親切な国民と言われているが、果たしてそうなのだろうか。
　確かに、日本に行って食堂に入ったとき、笑顔で迎え、メニューを勧め、とても親切な接客態度が印象に残った。
　しかし、日本の食堂で働いたことがある友人の話を聞くと、店での接客態度は、一ヶ月ぐらいの訓練によるものである。日本人社会には本音と建前があり、商売であることを考えれば、たとえ嫌な客でも客は客であり、常に笑顔で接することが義務づけられて

いる。このため、訓練を通してまで接客態度を教えるのである。そして、これが自分の利益につながることを肌で感じている。
　　<u>また、日本人は、言葉から愛敬があり、自然とその立ち振舞いが親切に見える。これも、心からの親切さと言えないだろう。さらに、日本人は、欧米の人とアジアである韓国人と接する時の態度に違いがみられる。</u>
　　日本人の親切さは、利益追求のための訓練による賜物である。これは、社会全般に言える。

＊밑줄 부분은 문장을 길게 쓰기 위해 일부러 덧붙인 부분이다. 논리적이면 문제없다. 글자 수가 충족된다면 덧붙이지 않는 것이 논리적으로 명쾌하다.

이 단계에서 비로소 정서가 가능하다. 그러나 정서하면 그것으로 끝이라는 것을 명심할 필요가 있다. 검토하면서 오자·탈자는 고칠 수 있지만 문장을 다시 쓸 시간적 여유는 없다. 또 서둘러서 고친 경우 전체적으로 논점이 흐트러질 우려가 있다. 이 때문에 정서하기 전에 메모의 내용을 충분히 검토한 후에 정서할 것을 권한다.

4 논술문의 좋은 예 나쁜 예

여기서는「韓国の新学期は三月」라는 주제의 문장을 좋은 예와 나쁜 예로 나누어 소개하고 왜 좋은지, 또는 왜 나쁜지를 설명하기로 한다.

주제 :「韓国の新学期は三月」
문제제기 : 해외유학의 편의를 위해 신학기를 9월로 바꿔야 하는가.

(1) 수필문이 된 경우
〈나쁜 예1〉

　韓国の入学式は、春と共に始まる。新入生は、希望を胸に膨らませ、春の息吹を感じながら、大学生活を始めるのである。花が咲き乱れるキャンパスは、大学生として一歩を踏み出すのに、またとない舞台であろう。そこを、一人で夢を膨らませ闊歩するも良し、友と高らかに天下を語るも良い。私もこの時期になると、大学に入学した時のことが走馬灯のように蘇ってくる。
　確かに、欧米への留学の便宜のために、九月に新学期を始めた方がいいという人もいるだろう。
　しかし、彼らは、この素晴らしい春に入学をし、春の息吹と共にキャンパスを闊歩した経験があるのだろうか、疑問に感じる。少数の留学生のため、この素晴らしさを放棄することはできない。
　全てが創生する春に新学期が始まり、暑い夏に休みとなり、さらに秋に学び、また寒い冬には休む。四季がはっきりしている韓国において、三月新学期制度ほどの制度はないであろう。
　いつまでも、後輩達に、この春新学期の素晴らしさを味あわせたい。

형식적으로 4부 구성을 취하고 있고 문장 자체도 아름답지만, 한 마디로 이것은 수필이다. 논술문은 아름다운 문장보다 논리적이고 알기 쉬운 문장이어야 한다. 아름다운 표현은 불필요하다.

「韓国の入学式は、春と共に始まる。……私もこの時期になると、大学に入学した時のことが走馬灯のように蘇ってくる」부분은 3월에 대한 자기감정을 아름답게 표현했을 뿐이고「三月新学期」에 대한 논리적 평가가 이루어지지 않았다. 봄 신학기의 멋진 풍경을 읊고 있을 뿐이고, 문제제기가 아니다. 반대의견인「九月新学期」를 부정하는 경우에도「彼らは、この素晴らしい春に入学をし、春の息吹と共にキャンパスを闊歩した経験があるのだろうか、疑問に感じる」는 감정론일 뿐이다. 나아가 결론인 4부도 단순한 감정론으로 맺고 있다.

또「であろう」,「だろう」등을 많이 사용해 추측으로 문장을 쓰고 있다. 논술문은 객관적 근거를 바탕으로 자신의 논리를 전개하는 것으로 그 결과가 추측으로 끝나서는 안 된다.

고쳐 쓰면 다음과 같이 된다. 줄을 그은 부분은 이것이 수필이라면 좋지만 논술문에서는 불필요하다.

韓国の入学式は、春と共に始まる。新入生は、希望を胸に膨らませ、春の息吹を感じながら、大学生活を始めるのである。花が咲き乱れるキャンパスは、大学生として一歩を踏み出すのに、またとない舞台であろう。そこを、一人で夢を膨らませ闊歩するも良し、友と高らかに天下を語るも良い。私もこの時期になると、大学に入学した時がのことが走馬灯のように蘇ってくる。

確かに、欧米への留学の便宜のために、九月に新学期を始めた方がいいという人もいるだろう。

しかし、彼らは、この素晴らしい春に入学をし、春の息吹と共にキャンパスを闊歩した経験があるのだろうか、疑問に感じる。少数の留学生のため、この素晴らしさを放棄することはできない。

全てが創生する春に新学期が始まり、暑い夏に休みとなり、さらに秋に学び、また寒い冬には休む。四季がはっきりしている韓国において、三月新学期制度ほどの制度はないであろう。

いつまでも、後輩達に、この春新学期の素晴らしさを味あわせたい。

결과적으로 다음 문장밖에 남지 않는다.(밑줄 부분은 첨가한 것)

> 　韓国の入学式は、春と共に始まる。これに対し疑問を呈するものがいる。
> 　確かに、欧米への留学の便宜のために、九月に新学期を始めた方がいいという人もいる。
> 　しかし、変えるのは間違っている。春に新学期が始まり、暑い夏に休みとなり、さらに秋に学び、また寒い冬には休む。四季がはっきりしている韓国において、三月新学期制度は合っている。
> 　新学期を九月に変えるべきではない。

내용이 빈약할 수 있지만 수정하기 전보다 논술문으로서는 높은 점수를 받을 수 있다.

(2) 논리가 반대가 된 경우
〈나쁜 예2〉

> 　最近、欧米と同じく九月に韓国も新学期を始めるべきだ、という意見を良く耳にする。私は、このような意見に対して疑問を感じる。
> 　確かに、九月に新学期を始めることにより、欧米に留学する韓国の学生、韓国に来る外国人留学生にとって、今まで問題であった時間的損失がなくなる。特に、若い時の時間的損失は大きい。また、海外との共同研究においても、会計年度が異るため少なからず支障をきたしているのも事実である。そして、何よりも現在グローバル化が進んでいる世界において、新学期の時期を他国と合わせることは重要と考えられる。
> 　しかし、すでに60年も続いてきた三月新学期制度を変えるのは惜しい。春の息吹を感じ新学期を迎える素晴らしさを失いたくない。
> 　私は、やはり九月新学期制度には反対である。いつまでも、後輩達に、この春新学期の素晴らしさを味合せたい。

'九月新学期制度'에 반대했음에도 불구하고 찬성의견 쪽이 논리적이고, 또 반대의견은 감정론에 지나지 않는다. 이렇게 되면 논리적으로 모순된다. 이런 경우에는 과감하게 반대의견을 찬성의견으로 바꾸는 것이 좋다.

그러나 그렇게 했을 경우 자신의 의견과 다를 수 있다. 하지만 시험에서 가장 중요한 것은 논리적인 문장이지 그 사람의 생각이 아니다.

또 이것을 고쳐 쓰는 것은 메모를 했다면 그다지 어려운 문제는 아니다. 아래와 같이 제2부와 제3부의 순서를 반대로 하고 제1부와 제4부에서 찬성이라고 명시하면 된다. 그러나 답안지에 옮겨 쓴 후에는 수정이 곤란하고 또 시간적인 여유도 없을 것이다. 이것은 메모 단계에서 하는 작업이라는 점을 유의해야 한다.

　　最近、欧米と同じく九月に韓国も新学期を始めるべきだいう意見を良く耳にする。私は、このような意見に対して真剣に考えたい。
　　確かに、すでに60年も続いてきた三月新学期制度を変えるのは惜しく、また春の息吹を感じ新学期を迎える素晴らしさを失いたくない。
　　しかし、九月に新学期を始めることにより、欧米に留学する学生、韓国に来る留学生にとって、今まで問題であった時間的損失はなくなる。特に、若い時の時間的損失は大きい。また、海外との共同研究においても、会計年度の違いが多くの支障をきたしている現実を直視しなければならない。そして、何よりも現在グローバル化が進んでいる世界において、新学期の時期を他国と合わせることは重要である。
　　私は、感傷的に三月新学期制度を固守するより、世界のグローバル化に合わせて９月新学期制度に変えるべきだと考える。

여기서 제2부의 생각을 제3부에서 부정하지 않지만 제2부의 반대론은 단지 감정론에 지나지 않고 부정할 것까지도 없다.

(3) 4부 구성을 충실히 지킨 문장
〈좋은 예1〉

　最近、世界のグローバル化に合わせて、韓国も新学期を九月に始めるべきだ、という意見を良く耳にする。私は、このような意見に対して疑問を呈したい。

　確かに、九月に新学期を始めることにより、海外へ留学する韓国の学生、韓国へ来る外国人留学生にとって、今まで問題であった時間的損失はなくなる。

　しかし、これは米国や中国などへの留学に限ったことで、世界が全て九月から始まっているわけではない。日本は四月、オーストラリアは二月、韓国が九月に変えてもグローバル化にはならない。韓国の三月新学期制度は、春に新学期が始まり、暑い夏に休みとなり、また秋に学び、寒い冬には休む。四季がはっきりしている韓国に合った制度といえる。

　また、何よりも現在の韓国社会は、小・中・高の学校教育も政府も会社も全て三月を基準として動いている。これを変えない限り、国内の大学卒業生だけが、就職など多大な不利益を被る。大学だけ新学期を九月に変えても意味をなさない。ならば全てを九月に変えようとすれば、社会的に大きな混乱を招くことは必至である。少数の留学生のため、混乱を招来することは問題である。

　その国の実状に合わせて、新学期を始めるべきで、他国と無理して合わせる必要性はない。韓国は、これまで通り三月に新学期を始めるべきである。

위의 예문은 4부 구성을 가장 충실히 지킨 문장이다. 짧은 시간에 쓸 때에는 논점이 흐트러지지 않고 가장 쓰기 쉬운 구성이다. 특히 초보자에게 유리하다.

(4) 4부 구성을 지키면서 쉬운 문장
〈좋은 예2〉

　最近、世界のグローバル化に合わせて、韓国も新学期を九月に始めるべきだ、という意見がある。私は、このような意見に対して反対である。

　確かに、九月に新学期を始めると、海外へ留学する韓国の学生、韓国へ来る欧米の留学生には便利である。

　しかし、これは米国や中国などへの留学だけで、世界が全て九月から始まっているわ

けではない。
　日本は四月、オーストラリアは二月、韓国が九月に変えてもグローバル化にはならない。韓国の三月新学期制度は、春に新学期が始まり、暑い夏に休みとなり、また秋に学び、寒い冬には休むように、四季がはっきりしている韓国に一番合った制度である。
　また、現在の韓国社会は、小・中・高の学校教育も政府も会社も全てが三月から始まる。これを変えないで、大学だけが新学期を九月に変えると、国内の大学卒業生だけが不利になる。さらに、全てを九月に変えれば、社会的に大きな混乱がおこる。
　その国の実状に合わせて新学期を始めるのがよい。他国と無理して合わせる必要はない。韓国は、これまで通り三月に新学期を始めるのがいい。

아름다운 문장은 아니지만 알기 쉽고 또한 쓰기 쉬운 문장이다. 문장력이 생길 때 까지 난해한 말을 피하고 위의 문장처럼 쓰는 것이 가장 좋다. 또 위와 같이 쓰면 감점은 되지 않는다. '좋은 예1'과 같은 평가를 얻을 수 있다. 수필 등은 아름다운 문장을 요구하지만 논술문은 알기 쉽고 논리적인 것이 가장 중요하다.

(5) 응용문
〈좋은 예3 : 균형을 생각한 문장〉

　最近、世界のグローバル化に合わせて、韓国も新学期を九月に始めるべきだ、という意見を良く耳にする。私は、このような意見に対して疑問を呈したい。
　確かに、九月に新学期を始めることにより、海外へ留学する韓国の学生、韓国へ来る外国人留学生にとって、今まで問題であった時間的損失はなくなる。<u>しかし、これは米国や中国などへの留学に限ったことで、世界が全て九月から始まるのではない。日本は四月、オーストラリアは二月、韓国が九月に変えてもグローバル化にはならない。</u>
　韓国の三月新学期制度は、春に新学期が始まり、暑い夏に休みとなり、また秋に学び、寒い冬には休む。四季がはっきりしている韓国に合った制度といえる。何よりも現在の韓国社会は、政府も会社も全て三月を基準として動いている。これを変えない限り、国内の大学卒業生だけが、就職など多大な不利益を被る。大学だけ新学期を九月に変えても意味をなさない。また、全てを九月に変えようとすれば、社会的に大きな混乱を招くことは必至である。少数の留学生のため、混乱を招くことは問題である。

> その国の実状に合わせて、新学期を始めるべきで、他国と無理して合わせる必要はない。韓国は、これまで通り三月に新学期を始めるべきである。

이것은 제2부에서 자기와 반대의견을 제시하고, 그것을 부정하고 있다. 자주 볼 수 있는 방법이다. 밑줄 부분은 원래 제3부에 들어가는 것이지만 글자 수의 균형을 맞추기 위해 제2부에 넣은 것이다. 오히려 이것이 주류일지 모르겠다. 즉, 제2부까지에서 모든 것을 다 말했다고 할 수 있다. 제3부부터 그것을 논리적으로 뒷받침하는 부분이다. 문장으로써는 이쪽이 설득력이 있고 매력 있는 문장이 된다.

그러나 제2부에서 찬성과 반대 두 가지의 견해를 제시하기 때문에 단시간에 쓰는 시험에서는 논리적으로 혼란을 초래할 위험이 있다. 특히 (2) 나쁜 예2에서처럼 시간적으로 다시 쓰는 것이 쉽지 않다. 그리고 어디까지나 고도의 문장력과 논리성이 요구된다. 역시 논리의 전개를 알기 쉽게 하기 위해서는 제2부의 견해를 제3부 시작 부분에서 부정하는 것이 바람직하다. 즉 제2부(자기와 반대의견 제시)와 제3부(자기의견 제시)의 역할분담을 명확히 하는 것이 쓰기 쉽고 이해하기도 쉽다.

〈좋은 예4 : 반대의견의 비판을 결론으로 한 문장〉

> 最近、世界のグローバル化に合わせて、韓国も新学期を九月に始めるべきだ、という意見を良く耳にする。私は、このような意見に対して疑問を呈したい。
> 　確かに、九月に新学期を始めることにより、欧米に留学する韓国の学生、韓国に来る外国人留学生にとって、今まで問題であった時間的損失はなくなる。
> 　しかし、韓国の三月新学期制度は、春に新学期が始まり、暑い夏に休みとなり、さらに秋に学び、また寒い冬には休む、四季がはっきりしている韓国に合った制度といえる。何よりも、現在の韓国社会は、政府も会社も全てが三月を基準として動いている。これを変えない限り、大学だけ新学期を九月に変えれば、国内の卒業生だけが就職など多大な不利益を被る。また、全てを九月に変えようとすれば、社会的に大きな混乱を招くことは必至である。何故少数の留学生のためそこまでする必要があるか疑問を感じる。グローバル化のためなのか。
> 　日本は四月、オーストラリアは二月、韓国が九月に変えても、グローバル化とはならない。その国の実状に合わせて新学期を始めるべきで、他国と無理して合わせる必要はない。韓国は、これまで通り三月に新学期を始めるべきである。

4부 구성을 충실히 지키고 있기 때문에 논리 전개에서 혼란을 초래할 위험은 없고, 독자에게 필자의 생각이 정확이 전달된다.

제3부 끝에 「グローバル化のためなのか」를 넣은 것은 제4부의 「日本は四月、オーストラリアは二月、韓国が九月に変えても、グローバル化とはならない」와 연결하기 위해서다. 그리고 이로써 문장 처음의 「世界のグローバル化に合わせて、韓国も新学期を九月に始めるべきだ」를 부정할 수 있다.

이것은 제2부의 견해를 제3부에서 부정하는 것이 아니고, 결론까지 가지고 가서 결론의 무게를 더하기 위함이다. 그러나 초보자나 문장력이 없는 사람은 피하는 것이 좋다. 논리의 전개를 알기 쉽게 하기 위해서는 제2부의 견해를 제3부 시작에서 부정하는 것이 바람직하다.

5 형식의 응용

Yes인지 No인지로 답하는 것은 논술문의 기본이다. 그러나 문제에 따라서는 Yes 또는 No로 답하기 어려운 문제도 많다. 이런 경우에도 4부 구성을 잘 이용하면 문제를 해결할 수 있다.

여기에 그 예를 제시하고 설명하기로 한다.

(1) 「○○はどうあるべきか述べよ」

과제문이 제시되지 않은 경우에는 「○○」에 대해 자주 거론되는 주장이나 의견을 생각해서 그것이 올바른지에 대해 문제를 제기하는 형태가 좋다. 「これからの教育はどうあるべきか」를 묻는 경우, 예를 들면 「ゆとり教育が疑問しされているが、もう一度管理教育に戻すべきか」라고 문제를 제기할 수 있다.

과제문이 제시된 경우에는 과제문의 필자가 「○○」에 대해 어떻게 생각하는지를 파악한 후에 거기에 대해 문제를 제기 하는 형태로 하면 된다.

「現代の若者は、映像のインパクトの強さに慣れてしまって、本や雑誌を読んでもリアリティーが持てなくなっている」라는 과제문을 읽고 「これからのメディアはどうあるべきか」를 논하는 경우.

→ 문제제기: 「映像重視の今のメディアのあり方は、これでよいのか」

「病院で、医師や看護師に治療についてろくに説明もされず、機械的に扱われた」 체험을 이야기하는 과제문을 읽고 「これからの医療はどうあるべきか」를 논하는 경우.

→ 문제제기: 「これからの医療は、患者主体の医療であるべきだ」

(2) 「○○の背景(原因)は何か述べよ」

이런 유형은 글자 수가 적은 경우는 설명문제이지만 글자 수가 많은 경우, 또는 「論じなさい」라고 되어 있는 경우에는 논술문제로 봐야 할 것이다.

이 유형도 기본적으로는 지금까지와 마찬가지로 대응할 수 있다. ○○의 배경이나 원인, 결과 등을 과제문에서 찾아 낸 경우에는 그것을 명확하게 제시한 후에, 그것이 올바른지에 대해 문제제기를 하면 된다.

다만 과제문에 ○○의 배경이나 원인, 결과 등이 설명되어 있지 않은 경우나, 정확히 찾아 내지 못하는 경우가 있다. 그럴 때에는 과제문의 논의 내용을 바탕으로 자신의 지식을 이용하여 자신이 생각하는 ○○의 배경이나 원인, 결과 등을 모두 제시한 후에 그것을 제2단락 이후에 검증해 가는 형태를 취하면 된다. 문제제기 단계에서 도저히 과제문과 관련지을 수 없는 경우에는 어딘가에서 과제문을 다룰 수밖에 없다.

「現代の若者がニートや引きこもりになるのは、価値観が多様化して、各個として人生の目標が与えられていないからだ」라는 과제문을 읽고「ニートや引きこもりが増えている背景は何か」라고 물을 경우.

→ 문제제기 : 「ニートやひきこもりが増えているのは、価値観の多様化が原因だというのは正しいか」

(3) 「○○の問題点を述べよ」

과제문에 설명이 있는 경우와 없는 경우로 나누어 대응하는 것이 좋다. 과제문이 있는 경우에는 시작 단계에서 문제점을 모두 설명하고 제2단락 이하에서 그것을 검증하는 형태가 좋다. 「○○の問題点」에 대해 논할 것을 요구하고 있기 때문에「課題文が指摘する問題点は、本当は問題でない」라는 식의 전개는 불가능하다. 따라서 Yes의 '결론'으로 시작하는 형태로 할 수밖에 없다.

과제문에 문제점의 지적이 없거나 또는 과제문이 없는 경우에는 과제문이나 질문의 의도를 파악한 후에 자신이 생각하는 문제점을 제시하고, 그것을 제2단락 이후에 검증하는 형태로 하는 것이 좋다.

> 이런 유형의 문제는 설명문제인지 논술문제인지 한눈에 알아보기 어려운 경우가 있다. '논하시오'라고 되어 있으면 틀림없이 논술문이지만, 가령 글자 수가 많아도 '논하시오'가 아니고 '설명'을 요구하는 경우가 가끔 있다. 그 경우에도 질문이나 과제문(자료)의 내용을 잘 읽어보면 어느 쪽인지 판단할 수 있다.

(4)「○○の対策を論じなさい」

「対策を述べなさい」,「どうすれば改善できるかを示しなさい」등의 문제가 출제되는 경우가 있다. 그런 경우에는 '문제제기' 대신에 먼저 '결론'을 말하는 것이 좋다.

처음에「これは、このような対策があると私は考える」라고 제시하는 것이다. 그리고 제2단락에서 제3단락까지는「確かに、その対策には問題点もある。……しかし、……」, 또는「確かに、ほかにも対策はある。……しかし、……」라고 이어간다. 특히 제3단락에서는 그 대책의 의의나 유효성을 구체적으로 논하면 된다. 즉 제시한 '대책'이 가능한지 아닌지 Yes또는 No로 쓸 수 있다.

물론 처음에「対策はあるか」라고 문제를 제기하고「確かに、対策は難しい。……しかし、……」라는 식의 패턴도 가능하다. 문제에 따라 구분하면 되는데 일반적으로는 처음에 '결론'을 제시하는 것이 작성하기 쉬울 것이다.

이 '대책'은 '방법'으로도 적용 가능하다. 즉「○○의 방법을 서술하시오」와 같은 문제다.

(5)「○○の対策を三つ述べよ」

세 개의 단락으로 나누어 각각의 단락에서 하나의 짧은 의견문을 쓰는 식으로 정리하면 된다.

구체적으로는 제1단락을「第一の対策は……である」로 시작하고, 거기에 의의나 구체적인 예 등 자세한 설명을 덧붙인다. 그리고 단락을 바꿔「第二の対策は……である」로 시작한다. 이것을 세 개 이어간다. 즉, 2부 구성의 기본형A('5. 2부 구성'을 참조)를 세 번 반복하는 것이다.

【기본형A】　　　【기본형A】　　　【기본형A】
대책 → 설명　+　대책 → 설명　+　대책 → 설명

단, 글자 수가 800자 이상인 긴 논술문의 경우, 기본형A의 반복으로는 글자 수가 부족할 수 있다. 그 때에는 4부 구성 형식을 세 번 반복하는 느낌으로 쓰면 된다. 즉「確かに、この対策は難しいかもしれない。……しかし、……」라는 식으로 '의견 제시' 부분을 넣는 것이다. 물론 세 개의 단락은 그대로이고 그 단락에서 일일이 바꿀 필요는 없다.

그 밖에「問題点を三つあげなさい」등의 문제도 마찬가지로 대응할 수 있다. 3단락 구성으로 하고 각각의 단락에서 먼저 문제점을 제시하여 거기에 자세한 설명을 덧붙여 가는 것이다. 이것도 글자 수가 많은 경우에는 통상적인 '형식'을 반복하고 각각의 단락 안에서 처음에 제시한 문제점이 정말 문제인지 검증해 가면 된다.

(6) 프레젠테이션(presentation)을 요구하는 문제

이것은 기본적으로 지원동기를 작성하는 방식에 가깝다. 지원동기란 요컨대 자기를 주장하기 위한 문장이다. 자신의 아이디어 등을 다른 사람에게 주장하는 경우에도 비슷한 테크닉이 필요하다. 그러나 자기를 주장하는 경우와는 달리 이것은 어디까지나 논술문이라는 것을 잊어서는 안 된다. 때문에 자신의 아이디어나 기획의 한계를 지적하는 것이 설득력이 있다.

먼저 제1단락에서 자신이 생각한 아이디어나 기획의 요점을 제시한다. 제2단락에서는 「確かに、……」형식을 응용해서 「確かに、このアイデアにはこういう問題点もある」라고 자신의 아이디어의 한계나 문제점을 미리 밝혀둔다.

제3단락은 '전개'에 해당하는 부분이다. 먼저 「しかし、……」를 응용해서 제2단락의 문제점을 반박하는 형태로 자신의 아이디어의 좋은 점을 주장한다. 여기서 자기 아이디어나 기획의 의의, 장점 등을 구체적으로 설명한다. 과제의 테마와 연관지어 사회적 의의 등을 생각하고 그것을 해결하는 자신의 아이디어가 얼마나 유효한지를 구체적으로 논할 수 있으면 설득력 있는 문장이 될 것이다.

제4단락은 마지막으로 다시 한 번 자기 아이디어의 의의를 정리하면 된다.

> 이상으로 자주 출제되는 유형을 몇 가지 설명했는데, 물론 이런 유형으로 분류할 수 없는 문제도 가끔 있다. 그럴 때에도 당황하지 말고 4부 구성으로 응용하면 된다.
> 대부분의 경우 '결론'부터 시작하는 형태를 취하면 대응 가능할 것이다. 그 다음은 Yes 또는 No를 생각하는 경우와 마찬가지로 그것을 검증해 가면 된다. 기본 틀을 익히고 있으면 대부분의 출제 패턴에 대응할 수 있다. 그것을 잊지 말아야 한다.

5. 2부 구성

이것은 4부 구성에서 일부의 문제제기를 생략한 것이다. 논점이 명확하게 제시되어 있어 새로이 문제제기가 필요 없는 경우나 200~300자 정도의 짧은 의견문인 경우, 4부 구성이 아니고 다음에서 설명하는 '기본A형', '기본B형'에 따라 정리하면 된다. 600자 이상도 가능하다.

1 기본A형 : 결론(4부) → 설명(2·3부)

묻고 있는 사항에 대해 먼저 결론을 제시하고 다음으로 그에 대해 설명을 덧붙이는 형식이다. 설명 부분이 4부 구성의 제2부와 제3부에 해당된다. 설명문이나 짧은 의견문은 이 형식이 기본이라고 생각하면 된다. 단, 설명문과 의견문의 경우 제2부는 없어도 된다. 설명문제인 경우 묻고 있는 내용을 간략하게 답한 후에 구체적인 예를 들어 설명을 덧붙이는 것이 일반적이다. 또한 짧은 의견문인 경우 묻고 있는 사항에 대한 결론(의견)을 제시하고, 그 다음에 근거나 구체적인 예를 써서 그것을 뒷받침하도록 한다.

또한 요약 문제에서도 이 형식이 작성하기 쉽다. 먼저 주장을 제시하고 그 다음에 구체적인 예를 사용해서 그것을 뒷받침하는 방법이다. 이런 경우에는 처음에 과제문의 주된 테마를 정리하고 그 후에 과제문의 논리의 흐름을 구체적으로 설명하면 된다.

200자 정도의 짧은 문장이라면 이 형식이 가장 효과적이다.

> 기본A형은 자기 의견을 서술할 때의 기본적인 구성이다. 논술문 뿐 아니고 현대문 등의 기술식 문제에도 응용할 수 있고, 디베이트 등에서 간단히 자기 생각을 말해야 하는 경우에도 이 형식을 사용할 수 있을 것이다.
> 그리고 Yes인지 No인지를 먼저 제시하는 편이 독자로서는 논리 전개를 이해하기 쉽다는 점은 4부 구성과 같다.

2 기본B형 : 설명(2·3부) → 결론(4부)

먼저 결론에 이르는 논증이나 구체적인 예를 자세히 설명하고 끝에 결론을 제시하는 형식이다. 기본A형을 뒤집은 형식으로 생각해도 된다.

일반적으로 과제문 문장은 여러 문제를 거론하면서 마지막 부분에서 주장이나 테마를 밝히는 경우가 많다. 그 때문에 기본B형을 사용해서 과제문의 흐름에 맞춰 정리하면 쉽게 작성할 수 있다.

또 주장이나 테마가 분명하지 않고 밋밋한 과제문인 경우에는 무리하게 묶으려고 하지 말고 이 형식으로 과제문의 흐름에 맞게 정리하는 것이 무난하다.

또 설명문제도 300자 이상의 글자 수라면 4부 구성과 마찬가지로 마지막에 결론(답)을 제시하는 것이 좋은 경우가 많다. 그런 것은 과제문이나 질문을 보고 어느 형식으로 하는 것이 작성하기 쉬운지 그때그때 판단할 필요가 있다.

A와 B 두 개의 형식을 비교하면 다음과 같다.

주제:「現在、インターネットが盛んで、
インターネット上の発言力が増大している」

〈해답 예(기본A형) – Yes의 경우〉

　私はインターネット社会が進むのは好ましいと考える。
　確かに、今までは、どうしても実社会での人間関係に束縛され、自由に発言できなかった。地位や階層の違いがあると、発言しても取り上げられないことが多かった。しかし、インターネット上の発言は匿名性が高いので、発言者の地位などに関係なく、発言内容そのものが問われることになる。そのため、より自由で対等な対話や意見交換が可能になる。

〈해답 예(기본A형) – No의 경우〉

　私はインターネット社会のあり方をもう一度見直すべきだと考える。
　確かに、インターネットの発言は匿名が基本なので、実社会での人間関係に束縛されず自由に発言できる。しかし、匿名だと、自分の発言に責任を持たなくてもよいので、どうしても攻撃的になりやすい。巨大掲示板などでは、不特定多数の人たちが、特定の人へ無責任な誹謗中傷を書き込むことが多い。そして、それらが現実社会で一定の影響力を持つようになってきている。これは、民主主義にとって危険な状態だ。

〈해답 예(기본B형) - Yes의 경우〉

> 確かに、今までは、どうしても実社会での人間関係に束縛され、自由に発言できなかった。地位や階層の違いがあると、発言しても取り上げられないことが多かった。しかし、インターネット上の発言は匿名性が高いので、発言者の地位などに関係なく、発言内容そのものが問われることになる。そのため、より自由で対等な対話や意見交換が可能になる。
> 従って、私はインターネット社会が進むのは好ましいと考える。

〈해답 예(기본B형) - No의 경우〉

> 確かに、インターネットの発言は匿名が基本なので、実社会での人間関係に束縛されず自由に発言できる。しかし、匿名だと、自分の発言に責任を持たなくてもよいので、どうしても攻撃的になりやすい。巨大掲示板などでは、不特定多数の人たちが、特定の人へ無責任な誹謗中傷を書き込むことが多い。そして、それらが現実社会で一定の影響力を持つようになってきている。これは、民主主義にとって危険な状態だ。
> 従って、私はインターネット社会のあり方をもう一度見直すべきだと考える。

다만, 초보자나 문장력이 없는 사람에게는 자신의 견해를 먼저 제시하는 기본A형이 읽는 사람으로서는 이해하기 쉽다. 이점은 4부 구성과 같다.

처음에 Yes인지 No인지를 명확히 함으로써 자신이 무엇을 말하려는 것인지를 채점관에게 정확히 알릴 수 있고, 그래서 문장력이 없어도 채점관이 오해하지 않고 끝까지 읽는다. 끝까지 Yes인지 No인지를 명확히 하지 않는 것은 문장력도 없고 논점도 분명하지 않은 문장으로 여겨지기 쉽다.

범용성이 높기 때문에 기본A형을 사용하는 것을 원칙으로 하는 것이 좋을 것이다.

3 의견문과 설명문과의 차이

의견문은 자기주장을 일방적으로 서술하는 것에 비해, 논술문은 반대의견도 제시하여 자기 의견의 정당성을 논리적으로 서술하는 것이다. 또 설명문은 어떤 사항에 대해 설명하는 것이다. 이때 자기주장은 포함되지 않는다.

주제 :「三月新学期制度を続けるべきか」

〈의견문 예〉

　韓国の実状に合った三月新学期制度は、これまで通り続けるべきである。最近、新学期を九月に始めるべきだという意見もあるが、韓国の三月新学期制度は、春に新学期が始まり、暑い夏に休みとなり、また秋に学び、寒い冬には休む。四季がはっきりしている韓国に合った制度といえる。何よりも現在の韓国社会は、政府も会社も全て三月を基準として動いている。これを変えない限り、大学だけ新学期を九月に変えても意味をなさない。また、全てを九月に変えれば、社会的に大きな混乱を招くことは必至である。少数の留学生のため、混乱を招来することは反対である。

위의 예문은 자기 의견을 서술했을 뿐, 그에 대한 반대의견이 제시되지 않았다. 「新学期を九月に始めるべきだという意見もあるが」라고 반대의견을 제시하고 있지만 그에 대한 구체적인 설명이 없다. 아무리 논리적으로 써도 반대의견에 대한 논리적 전개가 없으면 논술문이라 할 수 없다. 즉 4부 구성의 제2부가 없는 형식이다.

〈설명문 예〉

　最近、世界のグローバル化に合わせて、韓国も新学期を九月に始めるべきだ、という意見がある。これは、九月に新学期を始めることにより、欧米に留学する韓国の学生、韓国へ来る欧米の外国人留学生にとって、今まで問題であった時間的損失をなくそうというものである。

しかし、これに反対する意見は、九月に始めるのは欧米への留学に限ったことで、日本は四月、オーストラリアは二月、韓国が九月に変えても問題は残る。さらに、韓国の三月新学期制度は、春に新学期が始まり、暑い夏に休みとなり、また秋に学び、寒い冬には休む。四季がはっきりしている韓国に合った制度で、何よりも現在の韓国社会は、政府も会社も全て三月を基準として動いている。

위의 예문에서는 대립하는 의견을 중립적 입장에서 소개하고 있을 뿐이고, 논술문에서 가장 중요한 자신의 의견이 없다.

〈논술문 예(기본A형)〉

　その国の実状に合わせて、新学期を始めるべきで、他国と無理して合わせる必要はない。韓国は、これまで通り三月に新学期を始めるべきである。
　確かに、最近、世界のグローバル化に合わせて、韓国も新学期を九月に始めるべきだ、という意見を良く耳にする。九月に新学期を始めることにより、欧米に留学する韓国の学生、韓国へ来る外国人留学生にとって、今まで問題であった時間的損失はなくなる。しかし、これは欧米への留学に限ったことで、日本は四月、オーストラリアは二月、韓国が九月に変えてもグローバル化にはならない。韓国の三月新学期制度は、春に新学期が始まり、暑い夏に休みとなり、また秋に学び、寒い冬には休む。四季がはっきりしている韓国に合った制度といえる。何よりも現在の韓国社会は、政府も会社も全て三月を基準として動いている。これを変えない限り、大学だけ新学期を九月に変えても意味をなさない。さらに、全てを九月に変えれば、社会的に大きな混乱を招くことは必至である。少数の留学生のため、混乱を招くことは反対である。

〈논술문 예(기본B형)〉

　最近、世界のグローバル化に合わせて、韓国も新学期を九月に始めるべきだ、という意見を良く耳にする。確かに、九月に新学期を始めることにより、欧米に留学する韓国の学生、韓国へ来る外国人留学生にとって、今まで問題であった時間的損失はなくなる。しかし、これは欧米への留学に限ったことで、日本は四月、オーストラリアは二月、韓国が九月に変えてもグローバル化とはならない。韓国の三月新学期制度は、春に新学期が始まり、暑い夏に休みとなり、さらに秋に学び、また寒い冬には休む。四季がはっきりしている韓国に合った制度といえる。何よりも現在の韓国社会は、政府も会社も全て三月を基準として動いている。これを変えない限り、大学だけ新学期を九月に変えても意味をなさない。さらに、全てを九月に変えれば、社会的に大きな混乱を招くことは必至である。少数の留学生のため、混乱を招くことは反対である。
　その国の実状に合わせて、新学期を始めるべきで、他国と無理して合わせる必要はない。韓国は、これまで通り三月に新学期を始めるべきである。

6. 과제문이 있는 경우

논술시험에는 과제문이나 자료가 있는 경우도 많다. 그것을 잘 읽고 질문에 답하는 방식이다. 이때 '형식'대로 논술문을 썼어도 과제문 테마에서 벗어나면 높은 평가를 받을 수 없다. 따라서 과제문을 정확히 파악할 수 있는가가 중요하다.

여기서 문제는 시간과의 싸움이다. 다만 과제문을 정확히 읽었다고 모두 해결되는 것은 아니다. 그러다 보면 시간을 초과하기 쉽다. 즉 읽는 요령이 중요하다.

1 과제문 읽는 요령

(1) 4부 구성에 맞춰서 읽는다

평론, 수필, 기행문 등, 형식은 어떻든지 거기에 무엇이든 주장이나 메시지가 있는 문장은 전체적인 흐름으로서 4부 구성 문장이다. 논술시험에 나오는 과제문은 특히 그렇다.

가령 서두 부분에서「〜だろうか」라는 식으로 명확한 형태의 의문문으로 문제를 제기 하고 있지 않더라도 여기에는 어떤 형태로든 문제제기가 이루어지고 있을 것이다. 예를 들면「最近、このような話が多く聞かれる」라고 한다면 이것은「このようなことが好ましいのか」라는 문제제기라고 생각하면 된다.

다음으로 '의견제시'가 있다. 4부 구성의 제2부처럼「確かに」를 사용하는 경우는 적지만 틀림없이 어떤 식으로든 자신과 반대의견이 제시되었을 것이다. 여기서 일반론을 서술하거나 생략하는 경우도 있지만, 필자의 생각이나 서술의 방향성이 명확하게 제시되었을 것이다. 이것은 4부 구성의 제2부에 해당된다고 생각하면 된다.

다음으로 '전개'에 해당되는 부분. 일반적인 문장이라도 필자가 가장 신경 쓰는 부분이다. 수필처럼 자신의 체험이나 구체적인 예로 끝나더라도 이것은 독자에게 스스로 느끼고 생각할 것을 촉구한다. 평론의 경우는 당연히 여기서 배경 분석 등을 포함해 자기 의견의 근거를 제시한다. 이 부분은 4부 구성의 제3부에 해당한다고 생각하면 된다. 끝으로 4부 구성에서는 '결론'이 씌어있을 텐데 이것은 생략하거나「このままでよいのだろうか」라는 의문으로 맺고 있는 경우도 많다.

이상과 같이 4부 구성에 맞춰서 읽으면 자연스럽게 과제의 테마나 주장, 논지도 분명하게 보일 것이다. '(4)실제의 독해법 예'를 참조하기 바란다.

> 단, 시험문제의 과제문은 긴 문장에서 발췌했거나 편집된 경우도 많기 때문에 4부 구성에 맞지 않는 경우도 있다.

(2) 과제의 테마는 키워드에서 찾는다

모든 문장에는 키워드가 있다. 그것을 찾는 것이 과제의 테마를 파악하는 첫걸음인 것을 유의해야 한다.

예를 들면 「グローバル化」라는 말이 많이 등장한다면, 그것이 키워드라고 생각하면 틀리지 않는다. 또한 「グローバル化によって『文化の均質化』が進んでいる」라는 표현이 나온다면 그것은 과제문의 테마를 나타냄과 동시에 「グローバル化による『文化の均質化』は好ましくない」라고 주장하는 것으로 읽을 수 있을 것이다.

질문에 「○○について論じなさい」라고 되어 있다면 「○○」가 키워드다. 그러나 질문이 「グローバル化について論じなさい」인데 「グローバル化」라는 말이 과제문 중에 없는 경우(예를 들면 외국인 노동자의 생활만 이야기 하고 있는 등)가 있다. 그때에는 다른 키워드를 찾아서 과제문의 주장을 파악해야 한다.

(3) 과제문이 무엇을 반대하는지를 파악한다

과제문을 읽고 '결국 필자는 무슨 말을 하고 싶은 것인가?'라고 생각되는 경우가 적지 않을 것이다. 또 4부구성에 맞지 않는 경우도 많고 문학적 에세이, 전문용어를 많이 사용하는 평론문 등 난해한 문장도 있을 것이다.

그럴 때는 그 문장이 무엇에 반대하고 있는지를 생각하면서 읽으면 된다. 모든 문장은 어떤 식으로든 주장이나 메시지를 담고 있다. 그것들은 대개 현대 사회의 상황이나 기성 상식, 일반적인 사고방식에 대한 이의제기인 경우가 많다.

예를 들면,

글로벌화가 온 세계의 문화의 균질화를 촉진시키는 상황을 설명한 문장은 글로벌화에 따른 문화의 균질화에 반대하고 있다.
→ 과제의 주장 : '더 이상 글로벌화에 따른 문화의 균질화를 촉진시켜서는 안 된다.'

'최근에는 전차 안이나 가게 앞에서 바닥에 주저앉아 있는 젊은 사람이 많다'는 에세이는 그러한 요즘의 젊은이들의 모습에 반대하고 있는 것이다.
→ 과제의 주장 : '매너를 지키지 못하는 젊은이를 이대로 방치해서는 안 된다.'

다각적인 시각을 논하는 문장은 일면적이고 고정된 시각이나 그것을 교육하는 것에 반대한다.

　→ 과제의 주장 : '더욱 다각적인 시각을 갖는 것이 주는 재미를 가르쳐야 한다.'

(4) 실제의 독해법 예

실제로 과제문을 어떻게 읽으면 되는지 예를 제시하고자 한다. 이것은 난해한 에세이 풍 문장인데 4부 구성으로 파악할 수 있는 방법을 제시하고자 한다.

【과제문】

　最近、年齢のせいか、以前は気にならなかったことが気になるようになった。これも老化現象の一つだろうか。

　私はサッカーが昔から好きで、自分でも草サッカーでプレーするが、Kリーグの試合を見に行くことが多い。今のKリーグの試合は、アマチュアリーグの時代には考えられなかったほど観客も多く、プレーの質も高いので、サッカー場全体が盛り上がる。それはいいのだが、負け方が悪かったりして試合が荒れると、必ずと言っていいほどサポーター同士の小競り合いが起る。海外サッカーの中継を見ていると、ときどき目にかかる光景だが、それが、私には耐えられない。

　以前も、野球場などで汚いヤジを飛ばす親父はいた。そのヤジが面白くて、まるで球場の名物でもあるかのように、それを楽しみに来ていた人もいたほどだ。だが、今のサッカー場の雰囲気は、そんなものではない。負けてうなだれている選手たちにサポーターが罵声を浴びせている光景を見ていると、韓国人はどうなったのか、と嘆息せざるを得ない。

　別に、おとなしく席に座って見ていろ、と言いたいわけではない。韓日ワールドカップのとき、国に関係なく声援を送り、敗者を称える韓国人の応援は、世界中から称賛された。イングランドやスペインのトップリーグでは、どんな応援をしているかなど知らないし、知る必要もない。韓国人には韓国人の応援のやり方があるはずだ。

　これも、老人の愚痴だと言われれば、返す言葉はないのだが。

【키워드】韓国人、応援、サッカー

【첫 단락】

　　最近、年齢のせいか、以前は気にならなかったことが気になるようになった。これも老化現象の一つだろうか。

이 단락은 단지 들어가기로서 의미가 없는 문장이다.

【제2 단락】(4부 구성의 제1부에 해당)

　　私はサッカーが昔から好きで、自分でも草サッカーでプレーするが、Kリーグの試合を見に行くことが多い。今のKリーグの試合は、アマチュアリーグの時代には考えられなかったほど観客も多く、プレーの質も高いので、サッカー場全体が盛り上がる。それはいいのだが、負け方が悪かったりして試合が荒れると、必ずと言っていいほどサポーター同士の小競り合いが起る。海外サッカーの中継を見ていると、ときどき目にかかる光景だが、それが、私には耐えられない。

Yes 또는 No의 형태는 아니지만 요즘의 축구 응원 방식에 의문을 던지고 있다. 즉 「今のサッカーの応援で良いのか」라고 문제를 제기하고 있다.

【제3 단락】(4부 구성의 제2부에 해당)

　　以前も、野球場などで汚いヤジを飛ばす親父はいた。そのヤジが面白くて、まるで球場の名物でもあるかのように、それを楽しみに来ていた人もいたほどだ。

이 부분은 「確かに」부분이다. 「かつてヤジを飛ばす者もいた」라고 하며 앞 단락에서 제기한 의문에 대한 반대의견을 제시하고 있다.

【제4 단락】(4부 구성의 제3부에 해당)

> だが、今のサッカー場の雰囲気は、そんなものではない。負けてうなだれている選手たちにサポーターが罵声を浴びせている光景を見ていると、韓国人はどうなったのか、と嘆息せざるを得ない。

이 부분은「しかし」부분이다. 앞 단락의 생각을 부정하고 자신의 생각을 서술하고 있다.

【제5 단락】(4부 구성의 제4부에 해당)

> 別に、おとなしく席に座って見ていろ、と言いたいわけではない。韓日ワールドカップのとき、国に関係なく声援を送り、敗者を称える韓国人の応援は、世界中から称賛された。イングランドやスペインのトップリーグでは、どんな応援をしているかなど知らないし、知る必要もない。韓国人には韓国人の応援のやり方があるはずだ。

이것은 자기 생각을 정리한 결론이라고 할 수 있다.

【제6 단락】

> これも、老人の愚痴だと言われれば、返す言葉はないのだが。

마지막 부분은 서두「最近、年齢のせいか、以前は気にならなかったことが気になるようになった。これも老化現象の一つだろうか」에 맞춰서 쓴 것으로 의미는 없다. 마지막에 쓰여 있다고 해서 '결론'으로 생각하지 않도록 주의가 필요하다. 에세이의 경우 이런 식으로 끝나는 일이 많다.

〈과제문〉을 논술문으로 바꿔 보면 다음과 같이 된다.

私はサッカーが昔から好きで、自分でも草サッカーでプレーするが、Kリーグの試合を見に行くことが多い。今のKリーグの試合は、アマチュアリーグの時代には考えられなかったほど観客も多く、プレーの質も高いので、サッカー場全体が盛り上がる。それはいいのだが、負け方が悪かったりして試合が荒れると、必ずと言っていいほどサポーター同士の小競り合いが起る。海外サッカーの中継を見ていると、ときどき目にかかる光景だが、それが、私には耐えられない。
　確かに、以前も、野球場などで汚いヤジを飛ばす親父はいた。そのヤジが面白くて、まるで球場の名物でもあるかのように、それを楽しみに来ていた人もいたほどだ。
　しかし、今のサッカー場の雰囲気は、そんなものではない。負けてうなだれている選手たちにサポーターが罵声を浴びせている光景を見ていると、韓国人はどうなったのか、と嘆息せざるを得ない。
　別に、おとなしく席に座って見ていろ、と言いたいわけではない。韓日ワールドカップのとき、国に関係なく声援を送り、敗者を称える韓国人の応援は、世界中から称賛された。イングランドやスペインのトップリーグでは、どんな応援をしているかなど知らないし、知る必要もない。韓国人には韓国人の応援のやり方があるはずだ。
　韓国人は、他の国の真似をしないで韓国人らしい応援をすべきだ。

「確かに」, 「しかし」를 덧붙여【제5단락】도 제3부에 넣고, 새롭게 결론(제4부)으로「韓国人は、他の国の真似をしないで韓国人らしい応援をすべきだ」를 첨가하는 것만으로 논술문 형식이 되고 논점이 명확해졌다고 볼 수 있다. 또한 감정적인 부분을 제외하면 다음과 같이 된다.

　最近のKリーグの応援は、乱暴な海外サッカーの中継を見ているようだ。サッカーの応援はこのままでよいのか。
　確かに、以前も、野球場などで汚いヤジを飛ばす親父はいた。そのヤジが面白くて、まるで球場の名物でもあるかのように、それを楽しみに来ていた人もいたほどだ。しかし、今のサッカー場の雰囲気は、そんなものではない。負けてうなだれている選手たちにサポーターが罵声を浴びせている。韓日ワールドカップのとき、国に関係なく声援を送り、敗者を称える韓国人の応援は、世界中から称賛された。
　韓国人は、他の国の真似をしないで韓国人らしい応援をすべきだ。

이렇게 정리하면 【과제문】의 내용을 잘 알 수 있을 것이다. 문제제기는「サッカーの応援はこのままでよいのか」로 필자가 주장하는 요점은「韓国人は韓国人らしく」이다. 여기서 축구 이야기는 필요 없다. 【과제문】의 제목은「韓国人の応援」이다. 그리고 필자는「海外のサッカーの影響を受けて、韓国人らしくない応援が普通になっている状況」에 반대하고 있는 것을 알 수 있을 것이다. 즉, 필자는「韓国人は海外の真似をしないで、韓国人らしい応援をするべき」라고 주장하고 있다. 또 넓게 해석하면 '축구 응원을 예로 들어, 해외의 영향을 받아 본래의 아름다운 한국인다움을 잃어버린 현상을 한탄하고 있다'고 할 수 있다.

이상과 같이 에세이도 4부 구성으로 읽음으로써 필자의 의도를 간단히 파악할 수 있는 점을 알 수 있다. 과제문의 내용파악을 해야 문제에 정확히 답할 수 있다는 것을 잊어서는 안 된다.

(5) 문장이 아니고 자료인 경우

과제문이 아니고 도표나 자료라도 기본적으로는 같다. 논술문으로 출제된 이상, 거기에는 출제자의 의도가 담겨있다. 따라서 '왜, 이런 조사를 했는지' 그리고 '왜, 이 도표나 그래프가 출제되었는지'를 생각해야 한다.

예를 들면 최근 몇 년간 일본에서의 경제 격차가 벌어지고 있는 것을 나타내는 그래프가 출제되었다고 하자. 그러면 여기서는「このような経済格差が広がっている日本社会の現状は好ましいのか」를 암암리에 묻고 있다고 이해해야 한다. 또 복수의 자료가 출제되는 경우도 있다. 일본과 프랑스를 비교해서 출생율의 차이(프랑스가 높은)를 나타내는 도표와 여성의 사회진출도의 차이(프랑스가 높은)를 나타내는 도표, 이렇게 두 개가 있다고 하자. 두 개의 자료를 관련지어 생각하면 거기서「女性の社会進出を促すことで、出生率の低下に歯止めがかかる」라는 메시지를 읽을 수 있을 것이다. 따라서「出生率を伸ばすために、女性の社会進出を促すべきか」라는 식의 문제제기를 생각할 수 있다.

그림이나 사진 등이 출제되는 경우도 있다. 이것도 기본은 같다. 과제문이나 도표나 그래프 등과 비교해 자유로운 해석이 허용되는 경우가 많지만, 그래도 출제자의 의도가 담겨있는 것에는 변함이 없다. 몇 가지의 해석이 가능한 경우에는 질문 내용이나 지망하는 곳을 고려해서 적절한 주제를 선택할 필요가 있다.

2 독해 요령

시험시간은 길어도 2시간 정도이다. 시험이 시작되고 길고 어려워 보이는 과제문이나 방대한 자료를 앞에 두고 그것들을 제대로 읽기에 급급해서, 이러다가 시간이 끝나버리는 것은 아닌가 하는 절망적인 기분에 빠지는 사람도 많을 것이다.

그러나 긴 과제문을 모두 꼼꼼히 읽을 필요는 없다. 또 그럴 시간도 없을 것이다. 아무리 과제문이 길고 자료가 많아도 답안을 작성하는데 필요한 포인트는 한정되어 있다. 그 포인트만 파악하면 과제문이나 자료의 독해에 걸리는 시간을 대폭 줄일 수 있다.

다음의 문제를 보자. 이것은 2009년도 중등교사 신규임용후보자 선발 경쟁시험(일본어) 제2차 논술시험에 출제 된 문제이다.

3-1.「とんでもございません」に対しては、上記の引用文のように、誤用であると主張する見解がある。日本語教師の立場で、この主張は何を根拠にしているのかについて、形態素の概念を活用し、論理的に説明しなさい。(8行以上)

　失敗談の続き。過日、昔の失敗を思いださせてくれる事件に遭遇した。(中略)これは時も場所も人もはっきりしている。時は今年の11月8日午前、場所は羽田発、富山行きの全日空機の客室内。人はスチュワーデス嬢。仮にY嬢にしておく。

　もともと背が低いところへ加齢でいっそう縮んでしまった私が、荷物入れを見上げて立ちつくしていたら、くだんのY嬢が笑顔で手伝ってくれた。いささか面目ない気がしなくもなかったが、背も私より高いし腕力もありそうなお姉さんだったので、好意に甘えて収納を任せた。動作もキビキビしていて、朝から爽快な気分を味わった私は、心を込めてありがとうとお礼のことばを発した。

　返ってきたことばが、「とんでもございません！」。ウーン、笑顔に免じて見逃して(聞き逃して)おくか。

　ⓐいまさら解説するまでもないと思われるが、これは誤用。「とんでもない」が正しい。確かなことはわからないが、「途(と)でもない」の転とか。「途方もない」「とても考えられない」「意外だ」と、非難の気持ちを込めて使うのが、本来の用法。転じて、今日のように、相手のことばを強く否定して「そんなことはない」「冗談ではない」と言いたい時に使う。その限りにおいて上のY嬢の使い方は誤っていないのだが、「ない」を、より丁寧に言うつもりで、「ございません」としたのはよくない。と、少

なくとも私は思う。―――などと書きながら、実は私もとんでもございませんを使ってしまったことがある。20年以上も前のことだが、編集した中国語テキストの訳文に使った。テキストはそのままでしばらく出回っていたが、特に苦情は耳にしなかった。どなたも気づかなかったのか、大目に見ていただいたのか、改版の折にこっそり直しておいた。トンデモナイ奴ダ、ですか。

ちなみに、この「誤用」について岩波の『広辞苑』第六版は「とんでもありません」「とんでもございません」の形でも使うとし、特に誤りとはしていない。また⑤三省堂の『大辞林』第三版は「とんでもございません」は誤った言い方とされるが、現在はかなり広がっている、としている。ていねいな言い方をしたければ、「とんでものうございます」「とんでもないことでございます」と言えばよいとのこと。以上、今回は漢字とも漢語とも無縁の話題になってしまった。

― 上野惠司『とんでもないとんでもございません漢字・漢語あれこれ』
(原文の内容一部修正)

【とんでもない】(形容詞・口語)
・とほうもない。思いもかけない。意外である。もってのほかである。
・(相手のことばに対する強い否定を表わす)まったくそんなことはない。冗談ではない。

語誌
・ⓒ「とんでもない」の丁寧体は、「とんでもないことでございます」が本来であるが、近時、人々による誤った類推の結果生じた、「とんでもありません」「とんでもございません」の形を耳にすることが増えている。

―『日本国語大辞典』(原文の内容一部修正)

注　意
*形態素とは、意味を有する最初の単位のことである。
*「学生でもない」「難しくもない」などのような、形態的に類似した表現と比較するのが望ましい。

그다지 길지 않은 과제문이기 때문에 천천히 읽으면 된다고 생각할 수 있다. 그러나 이 문제에 주어진 시간이 고작 30분이라면 당연히 마음이 바빠질 것이다. 이때, 우선 질문을 잘 이해해야 한다. 문제제기는 명쾌해서「とんでもございません이 오용인가」이다. 그리고 무엇을 써야 하는가,「形態素の概念を活用し、論理的に説明しなさい」라고 제시되어 있고, 또한「注意」에서「「学生でもない」,「難しくもない」などのような、形態的に類似した表現と比較するのが望ましい」라고 친절하게 작성방법까지 제시하고 있다. 게다가「注意」에서 형태소까지 설명하고 있다. 질문을 잘 읽으면 자연스럽게 '무엇을 어떻게 써야 하는가'를 알 수 있을 것이다. 여기서 써야 할 것이 정해졌으면 다음은 불필요한 부분을 읽는 시간을 생략하는 것이다. 특히 불필요한 부분을 그냥 읽고 있으면 논점이 흐려진다. 밑줄과 '주의'부분이 중요한 부분이다.

본문에서 읽어야 하는 부분을 나타내면 다음과 같다.

<u>失敗談の続き。過日、昔の失敗を思いださせてくれる事件に遭遇した。</u>(中略)<u>これは時も場所も人もはっきりしている。時は今年の11月8日午前、場所は羽田発、富山行きの全日空機の客室内。人はスチュワーデス嬢。仮にY嬢にしておく。</u>
　もともと背が低いところへ加齢でいっそう縮んでしまった私が、荷物入れを見上げて立ちつくしていたら、くだんのY嬢が笑顔で手伝ってくれた。いささか面目ない気がしなくもなかったが、背も私より高いし腕力もありそうなお姐さんだったので、好意に甘えて収納を任せた。動作もキビキビしていて、朝から爽快な気分を味わった私は、心を込めてありがとうとお礼のことばを発した。
　<u>返ってきたことばが、「とんでもございません！」。ウーン、笑顔に免じて見逃して(聞き逃して)おくか。</u>
　<u>ⓐいまさら解説するまでもないと思われるが、これは誤用。「とんでもない」が正しい。確かなことはわからないが、「途(と)でもない」の転とか。「途方もない」「とても考えられない」「意外だ」と、非難の気持ちを込めて使うのが、本来の用法。転じて、今日のように、相手のことばを強く否定して「そんなことはない」「冗談ではない」と言いたい時に使う。その限りにおいて上のY嬢の使い方は誤っていないのだが、「ない」を、より丁寧に言うつもりで、「ございません」としたのはよくない。と、少なくとも私は思う。</u>──などと書きながら、実は私もとんでもございませんを使ってしまったことがある。20年以上も前のことだが、編集した中国語テキストの訳文に使った。テキストはそのままでしばらく出回っていたが、特に苦情は耳にしなかった。どなたも気づかなかったのか、大目に見ていただいたのか、改版の折にこっそり直しておいた。トンデモナイ奴ダ、ですか。

ちなみに、この「誤用」について岩波の『広辞苑』第六版は「とんでもありません」「とんでもございません」の形でも使うとし、特に誤りとはしていない。また⑥三省堂の『大辞林』第三版は「とんでもございません」は誤った言い方とされるが、現在はかなり広がっている、としている。ていねいな言い方をしたければ、「とんでものうございます」「とんでもないことでございます」と言えばよいとのこと。以上、今回は漢字とも漢語とも無縁の話題になってしまった。

줄 친 부분은 대충 읽으면 된다. 특히 처음의 절반 정도는 읽지 않아도 된다. 필요한 부분만 꼼꼼히 읽으면 되는 것이다. 그렇게 하면 논점도 자연스럽게 모아진다. 몇 페이지에 이르는 과제문은 특히 그렇다. 요컨대 시간에 맞춰 읽을 수 있도록 과제문이 출제되는 것이다. 먼저 질문을 정확히 읽고, 묻고 있는 내용을 파악한 후에 과제문을 읽어야 한다.

또 이 문제는 설명문을 요구하고 있는 것처럼 보이지만「論理的に説明しなさい」라고 쓰여 있기 때문에 논술문으로 답하는 것이 맞다. 이것을 4부 구성으로 쓴 것이 다음의 문장이다.

「とんでもございません」と言う表現は可能かと 문제를 제기한다.

〈해답 예-1 (4부 구성)〉

　　「とんでもございません」と言う表現は可能か。
　　確かに、「学生でもない」と「難しくもない」の「ない」は一つの形態素で、「学生でも」「難しくも」から分離して、「ない→ございません」となり、「学生でもございません」「難しくもございません」という表現は可能である。
　　しかし、「とんでもない」は、語幹「とんでもな―」と語尾「―い」の形容詞で、全体として一つの形態素であるため、「とんでもない」から「ない」は分離できなく、「ない→ございません」にして「とんでもございません」と言う表現はできない。丁寧語の正しい表現は、「とんでもない」に「ございます」を付けて語尾を変化させたものに、「ございません」を付けた「とんでものうございます」や「とんでもないことでございます」となる。
　　「とんでもございません」は、「とんでもない」の「ない」を「学生でもない」や「難しくもない」の「ない」と同じように、「ない→ございません」とした誤りである。

〈해답 예-2 (2부 구성 A형)〉

　　確かに、「学生でもない」と「難しくもない」の「ない」は一つの形態素で、「ない→ございません」となり、「学生でもございません」「難しくもございません」という表現は可能である。

　　しかし、「とんでもない」は、語幹「とんでもなー」と語尾「—い」からなる一つの形態素の形容詞で、「ない→ございません」にして「とんでもございません」と言う表現はできない。正しい表現は、「とんでものうございます」や「とんでもないことでございます」である。

　　「とんでもございません」は、「とんでもない」の「ない」を「学生でもない」や「難しくもない」の「ない」と同じように、「ない→ございません」とした誤りである。

결론을 빼고 짧게 할 수도 있다. 응용이기는 하지만 이것으로도 충분히 논술문이라고 할 수 있다.

〈해답 예-3 (2부 구성 B형)〉

　　「学生でもない」と「難しくもない」の「ない」は一つの形態素で、「学生でも」「難しくも」から分離して、「ない→ございません」となり、「学生でもございません」「難しくもございません」という表現は可能である。

　　しかし、「とんでもない」は、語幹「とんでもなー」と語尾「—い」の形容詞で、全体として一つの形態素であるため、「とんでもない」から「ない」は分離できなく、「ない→ございません」にして「とんでもございません」と言う表現はできない。丁寧語の正しい表現は、「とんでもない」に「ございます」を付けて語尾を変化させたものに、「ございません」を付けた「とんでものうございます」や「とんでもないことでございます」となる。

그럼, 과제문을 읽기 위해서는 무엇을 하면 좋은가. 시험장에서의 독해 요령을 순서에 따라 소개하고자 한다. 잘 이해하고 평소의 연습 때부터 주의하자.

(1) 질문 내용부터 확인한다

과제문을 읽기 전에 질문 내용을 확인한다. 답안 작성을 위해 모든 과제문이 필요하지는 않다. 지극히 일부만 읽으면 되는 경우도 있다. 그런데 질문도 보지 않고 과제문을 읽으면 어디에 포인트가 있는지 알 수 없다. 그렇게 되면 과제문을 다 읽고 나서 질문을 확인하고 다시 과제문을 읽어야 한다. 시험 때에 그런 시간 낭비를 해서는 안 된다.

문제에 따라서는 질문에 과제의 테마나 의도를 설명하는 경우도 있다. 그런 경우에는 그것을 염두에 두고 과제문은 대충 읽는 정도로 충분하다.

「課題文を読んで、○○について論じなさい」라는 질문이라면 과제문이 ○○에 대해서 무엇을 말하고 있는지를 중점적으로 읽으면 된다. 즉, 「課題文を読んで、医療保険と国家の責任について論じなさい」라면 「医療保険と国家の責任」에 대해 어떻게 논하고 있는지를 중점적으로 읽고, 그다지 관련이 없는 부분은 대충 읽어도 된다.

또 복잡한 조건이 붙은 과제라면 먼저 그것을 정확히 확인 한 후에, 어떤 식으로 정리하면 좋을지 생각하면서 읽을 필요가 있다. 예를 들면, 「課題文について反論せよ」나 「課題文の示す状況をどう改善すべきか述べよ」라는 질문이라면, 생각해야 하는 방향이 정해져 있기 때문에 거기에 맞춰 읽으면 된다.

그 중에는 과제문이나 도표·그래프 등은 참고자료 정도 밖에 되지 않는 경우도 있다. 그런 경우에는 과제의 테마나 질문의 의도를 넓게 파악하고 나머지는 메모의 참고로서 과제문이나 자료를 참조하면 된다.

(2) 출제자의 의도를 파악한다

질문에는 「次の文章を読んで、自分の考えを書け」라고 밖에 쓰여 있지 않은 경우도 많다. 이 경우에는 출제자의 의도를 파악해야 하는 것을 잊어서는 안 된다. 즉, 답안을 누가 읽는가를 생각해야 한다.

예를 들어 교원채용시험에서 「夏になると、服装は軽やかになる」라는 문제가 출제되었다고 하면 당연히 교사의 시선에서 논하고, 과도한 노출 등을 문제시 삼아야 할 것이다. 즉, 거기에 교사로서 적합한 주장, 그리고 교사로서 적합한 자세를 묻고 있는 것임을 잊어서는 안 된다. 그러나 이것이 패션계 기업의 채용 시험이라면 논점은 180도 달라질 것이다. 다른 분야에서도 그 분야에서 요구하는 인재상을 생각하고 거기에 맞게 논리를 전개해야 한다. 즉, 지원하는 곳에 맞춰서 거기서 요구하는 모습을 생각해서 논해야 한다.

또, 과거 문제에서 출제 경향이나 빈도, 테마를 조사해 두면 출제자의 의도를 잘 알 수 있다. 과제문도 자료도 반드시 어떤 의도를 가지고 출제된 것이다. 시험에 따라 출제는 일관성을 가지고 출제된다는 점을 잊어서는 안 된다.

(3) 과제문을 지나치게 의식하지 않는다

일단 과제문이나 자료를 읽고 기본 테마를 파악했으면, 그 다음은 과제문이나 자료에 너무 끌려다니지 않는 것이 좋다. 과제문이 던지는 문제·테마를 논하는 것이 중요하지 과제문의 필자와 질의응답을 하는 것이 아니다.

수험생 중에는 과제문의 논의에 일일이 대응하며 '과제문의 이 의견에는 찬성이지만 이 지적에는 반대다'라는 식으로 쓰는데, 그렇게 하면 논점이 정리되지 않는다. '자기의견'을 쓰는 것이 논술문이라는 것을 다시 한 번 분명히 이해하기 바란다.

3 시험장에서 곤란해진 경우

충분히 준비했어도 막상 시험에서는 예상 밖의 일이 일어나 당황하는 경우가 많다. 그래서 시험장에서 곤란해진 경우를 예상해 몇 가지 어드바이스를 하기로 한다. 이것은 '과제문이 있는 문제'에 한정된 것이 아니고 모든 경우에 해당된다.

(1) 모르는 형식이나 테마가 출제되었을 때

지금까지 공부한 적이 없는 형식이나 테마가 출제 된다면 어떻게 할까.

준비한 대로 문제가 출제되는 것은 아니다. 그렇기 때문에 '평소에 다양한 패턴의 문제를 다루는 훈련이 필요하다'고 해도 그것이 쉬운 일은 아니다. 시험장에서 이런 문제를 만나면 당황하는 것은 당연할 것이다.

그러나 그런 경우 나 혼자만 곤란한 것은 아니다. 모두가 과거의 문제나 테마 밖에 공부하지 않았기 때문에 당황하는 것은 마찬가지다. 그렇게 생각하고 차분하게 대응해야 한다.

또 어떤 의외의 문제라도 어떻게 쓰면 되는지에 대한 힌트가 문제 안에 반드시 있다. 과제문을 잘 읽고 그 힌트를 찾아내는 것이 중요하다. 그리고 지금까지 공부한 형식이나 테마로 대응할 수 있는지 생각해 보면 좋은 결과를 낼 수 있다.

(2) 묻는 내용에 대해 지식이 없을 때

지식이 별로 없고 모르는 문제가 출제되면 어떻게 하면 좋을까.

예를 들면「環境問題」나「グローバル化」에 대해 논하라고 하는데 그것에 대해 거의 지식이 없을 경우 만일 그 용어의 의미를 안다면, 우선 그에 대한 자신의 체험담을 생각해 보면 좋다.「環境問題」에 대해 쓰레기 분리나 재활용 체험담이 떠오를 것이다. 그 체험담을 바탕으로 그것이 바람직한지 아닌지 생각해 본다. 이 경우 개인의 체험담만이 바탕이 되기 때문에 논리의 깊이가 없을 수 있지만 어느 정도의 설득력은 있을 것이다.

최악의 경우 그 용어조차 모를 수 있다. 예를 들면「ユビキタス社会」에 대해 의견을 묻는데, 이「ユビキタス」라는 용어 자체를 모른다면, 이 경우에는 기본적으로 어쩔 도리가 없다. 그렇다고 아무것도 안 쓸 수는 없다. 이럴 경우 그 용어가 바람직한지 아닌지를 감으로 정할 수밖에 없다. 그리고「ユビキタス社会は進めるべきだ」든지「ユビキタス社会は見直すべきだ」라고 제1부에서 문제제기를 하고, 과제문의 문장을 그대로 사용해서 논하면 된다.

좋은 점수를 기대할 수는 없지만 아무것도 쓰지 않으면 0점이다. 무엇이든 쓰면 그에 해당하는 점수는 받을 수 있다.

(3) 체험담이 없을 때

체험을 쓰라고 하는데 그 체험이 없을 때는 어떻게 할까.

예를 들면 '자원봉사' 체험을 쓰라고 하는데 '자원봉사' 경험이 없다면 '경험이 없다'고 솔직하게 쓰는 것도 하나의 방법이지만, 그다지 좋은 방법은 아니다. 그렇게 하면 그 시험이 요구하는 인간상에서 벗어나게 된다. 그러니 그럴 경우에는 당당히 이야기를 꾸며 쓰는 것이 좋다. 꾸민 이야기라도 체험담을 써야 한다. 자기 경험이 없더라도 남에게 들은 이야기, 텔레비전에서 본 이야기 등, 무언가는 있을 것이다. 그것을 생각해서 쓰면 된다. 이때 너무 튀는 경험담이 아니고 누구나 할 수 있는 경험담으로 하는 것이 좋다.

논술시험은 개인의 경험을 묻는 것이 아니고 그 사람의 사고 능력을 보는 것이라는 점을 다시 한 번 강조한다.

(4) 무엇을 써야할지 모를 때

과제문 내용은 이해했지만 무엇을 쓰면 좋을지 모를 때 어떻게 할까. 이런 경우에는 다음과 같이 하면 된다.

① 반론을 생각한다

먼저 반론을 생각하는 것으로 반대의견을 찾아내고, 그것을 바탕으로 쓰면 된다. 또 반론을 생각하다 보면 강력한 찬성론이 떠오르기도 한다. 그러나 과제문이 정당한 논리를 펴고 있을 경우 반론할 수 없는 경우도 많다. 이럴 경우에도 일단 반론을 생각하다 보면 그에 대한 재반론이 떠오를 수 있고, 무엇을 써야 할지가 보이게 될 것이다.

예를 들면, 「赤信号では、渡ってはいけない」라는 당연한 논리가 제시되었다면

↓

이에 대한 반론으로 「車がなければ、渡ってもいい」를 생각할 수 있다.

↓

그리고 이에 대해 「車はないと思っていても、突然現れるものだから、やはり赤信号では、渡ってはだめである」라는 재반론이 가능해지고, 과제문의 의견을 더욱 발전시킨 논리가 성립한다.

또 과제문이 무엇인가 대책을 제안하고 있고 그것을 부정하기 어려운 내용이거나 단지 문제 상황이나 배경을 설명하고 있는데, 그 상황의 옳고 그름을 논하기 어려운 경우도 있다. 그런 경우에는 기본적으로 찬성 입장에서 「確かに、この対策は実現が難しいかもしれない。しかし、やるべきだ」, 「確かに、そうではない状況にあるかも知れない。しかし、基本的には、今はそうした状況にある」라고 정리하고 「展開」에서 구체적으로 설명하면 된다.

② 보충한다

과제문 속에 내가 하고 싶은 말이 이미 다 들어 있어서 무엇을 써야할지 몰라 곤란한 경우가 있다. 가장 곤란한 것은 두 개의 과제문에 찬성론과 반대론이 자세히 쓰여 있는 경우다.

그런 경우에는 과제문에서 다루고 있는 내용을 더 구체적으로 설명해서 보충하면 된다. 그러한 과제문은 많은 내용을 담고 있기 때문에 하나하나의 내용이 상세하지 않다. 그 중에서 자신 있는 분야를 골라 더욱 자세히 구체적으로 설명해서 과제문을 보다 깊이 파고들 수 있다.

(5) 글자 수가 부족할 때

구성을 생각해서 써도 글자 수가 부족한 경우 어떻게 하면 늘릴 수 있을까.

우선, 4부 구성의 제2부「確かに」부분에서 반대의견을 더욱 상세히 설명한다. 오해해서는 안 되는데, 여기서 새로운 반대의견을 첨가하라는 것이 아니다. 만일 새로운 반대의견을 첨가한다면, 제3부에서 이것도 부정해야 하고 논점이 복잡해진다. 이미 말한 것처럼 반론하기 쉽게 반대의견은 하나로 하는 것이 좋다. 이 반대의견을 간단히 끝내려는 사람이 많은데, 반대의견을 부풀리면 글자 수도 늘고 논리의 균형 면에서도 좋다. 그러나 지나치게 자신의 반대의견을 장황하게 쓰면 논점이 반대가 되므로 주의가 필요하다.

다음으로 제3부에서 구체적인 예를 많이 쓴다. 구체적인 예를 첨가해서 자세히 설명하는 것이다. 그러나 주장의 나열은 논점이 흐려질 우려가 있기 때문에 이것도 주의가 필요하다.

그렇게 해도 글자 수가 부족할 경우에는, 제4부 결론에서 다시 한 번 문장 전체, 특히 제3부에 썼던 것을 정리해서 쓴다. 그렇게 하면 글자 수는 상당히 늘어날 것이다.

절대로 해서는 안 되는 것은 문제제기에서 불필요한 내용을 장황하게 쓰는 것이다. 가까스로 논점이 정리되었는데, 문제제기를 새롭게 해서 제2부 이하의 논점이 흐려져 다시 써야하는 결과를 초래하는 경우가 있다. 이것은 시간과의 싸움인 본 시험장에서는 치명적인 것이다.

(6) 메모를 초안으로 생각한다

초안을 작성하고 나서 정서를 하면 시간을 두 배로 쓰게 된다. 시간과의 싸움인 시험에서 이렇게 하는 것은 시간 초과의 원인이 된다. 초안 작성용 용지를 배부하는 경우도 있는데, 그것은 메모용지라고 생각하는 것이 좋다.

충분한 시간을 갖고 메모하고 그 메모를 정리, 수정한 것이 바로 초안이다. 별도로 초안을 작성할 필요는 없다. 제2장 4-**3**을 다시 한 번 보면 이해할 수 있을 것이다.

(7) 내용의 수정은 어렵다는 것을 염두에 둔다

정서하면 그것으로 끝이다. 내용 수정은 하지 않는다. 시간적으로도 무리다. 메모 단계에서 논리의 구성을 탄탄히 해서 메모가 초안이라는 점을 이해하기 바란다.

때문에 내용 수정은 시간적으로 무리이지만 오자·탈자를 고치는 것은 가능하다. 즉 내용을 생각하면서 다시 읽지 말 것! 다시 읽다보면 아무래도 고치고 싶은 부분이 생긴다. 그것을 고치다 보면 시간이 초과되고 논점이 흐트러질 우려가 있다. 다시 읽을 때에는 오자·탈자에만 주의해서 읽는 것이 좋다.

(8) 시간 배분은 어떻게 하면 좋은가?

논술시험은 시간과의 싸움이라고 한다. 시간이 부족해서 다 못 쓰는 것이 가장 억울한 경우일 것이다. 만일 시간이 다 되었는데 계속 쓰고 있으면 그것은 틀림없이 부정행위로 간주된다. 처음부터 시간 배분을 고려해서 작성하기 시작해야 한다. 시간 배분에서의 주의 점은 다음과 같다.

① 시험 전에 시간 배분을 염두에 두고, 시험이 시작되면 그것을 메모한다. 기출 문제를 통해 대체적인 시험 형식을 알고 있을 것이다. 사전에 시간 배분을 염두에 두고 그것을 메모용지나 시험지의 귀퉁이에 간단히 써 둔다. 이때 마지막에 시간이 조금 남도록 시간을 배분한다.

② ①에서 준비한 시간 배분 이외에 또 한 가지 패턴을 생각해둔다. 두 가지 패턴 모두 메모한다.
  * 첫째 패턴 → 순조롭게 진행 될 경우의 시간배분
  * 둘째 패턴 → 시간이 지체되어 아슬아슬한 경우, 과감하게 다음으로 진행해야 한다.

이렇게 아슬아슬한 시간배분도 처음에 생각한 시간배분과 같이 메모해 둔다. 만일 둘째 패턴으로 진행해야 하는 경우 패닉 상태에 빠지게 된다. 평소에 시간 배분을 고려하여 충분히 연습해야 한다. 이렇게 함으로써 시간부족으로 다 못 쓰는 억울한 일은 없어야겠다.

7. 요약문의 경우

일본에서의 입사시험이나 입학시험에는 과제문을 읽고 정해진 글자 수에 맞게 요약하는 유형의 문제도 많다. 이런 유형의 문제에서 가장 유의할 점은 문장의 내용에 대한 설명이나 자기 의견을 덧붙이지 말아야 한다는 점이다. 과제문에 대한 설명이나 의견, 느낌을 서술하는 것은 독후감이고 요약문이 아니다. 따라서 가급적 주어진 문장 안에서 줄이도록 하고, 접속사나 조사 등의 최소한의 첨삭이나 단어를 바꾸는 정도에서 요약해야 한다.

즉 문장의 포인트를 짧게 정리하는 것이 중요하다. 요약문이란 다시 한 번 강조하지만, 긴 문장의 포인트를 짧게 정리한 문장을 말한다.

또한 제2장 1-**6**에서도 언급했듯이 주어진 시간을 엄수하는 것과 제한 된 글자 수를 맞추는 것 역시 중요하다. 이 점에 대해서는 제2장 1-**6**을 다시 보기 바란다. 긴 문장을 읽고 정해진 시간과 글자 수에 맞춰 요약하기 위해서는 반드시 평소의 연습이 필요하다.

다음의 문장을 읽고 200자로 요약하는 문제의 예를 보자.

　夏のある日、埼玉県のJR高崎線熊谷駅で、こういう出来事があった。車いすの若い女性が身障者用エレベーターに十何時間も閉じ込められてしまった。未明まで捜しまわった父親が朝になって駅に出かけて問い合わせ、見つけ出した。

　女性は前日の夕刻タクシーで北口に着いた。運転手が車いすを押してくれた。駅前派出所の警官がエレベーターの扉をかぎであける。そして送り込まれたままだった。扉の開閉ボタンや非常用ボタンは一メートル余りの高さで車いすから手が届かない。「せめてボタンが低い位置にあるか、扉にガラスが入っていれば」と彼女は言った。

　この出来事は駅と車いすの問題を考えさせる。車いすで町を歩くときの不便さは大変なものだ。どうしても利用することになる駅で、エレベーターが無いときはどうするか。あってもかぎをいちいち開けてもらうのは手間がかかるだろう。乗れても、ボタンに手が届かぬとあっては、、、、

　各地でエレベーターをつけようという運動が進んでいる。大阪では地域の人々が地下街と地上を結ぶエレベーターを、そして車いすの級友がいる中学生たちが、学校にエレベーターをと呼びかけている。

　首都圏の小平市では、障害児を持つ母親たちの「西武鉄道・小川駅の改善をすすめる会」が十五年来の活動を続けている。周辺に障害者の施設が多い小川駅に、鉄道や自治

体や一般の協力でエレベーターができた。その経緯は『ああ、エレベーター』に詳しいが、運動を進めるうちに母親たちは次のことを痛感する。

　代表の大西光子さんの言葉をかりれば「障害者専用でなく、お年よりにも妊婦にも利用できることが望ましい」。特別に身障者だけに何かをする、というのではない。いろいろな人が一緒に生活できる町づくり。そういう自然な考え方が必要な時なのだ。

（「朝日新聞」1991年12月9日『天声人語』による）

먼저 해야 할 일은 전체 문장을 서론, 본론, 결론 또는 기승전결, 그 밖에 내용에 따라 문제제기, 설명, 주장 등으로 나눈다. 그런 다음 요약할 글자 수를 염두에 두고 각 단락 별로 중요한 문장과 단어에 밑줄을 치며 읽어 내려간다. 그때 전체적인 균형도 생각해야 한다. 서론 또는 결론 어느 한 부분에 치우치지 않도록 주의한다. 그런 다음 줄 친 부분의 글자 수를 세어 조절한 후에 답안지에 옮겨 적는다.

위 문장은 일어난 사건에 대한 소개와 의견을 피력한 내용으로 다음과 같이 나눌 수 있다.

【사실관계의 소개】

　　夏のある日、埼玉県のJR高崎線熊谷駅で、こういう出来事があった。**車いすの若い女性が身障者用エレベーターに十何時間も閉じ込められてしまった。**未明まで捜しまわった父親が朝になって駅に出かけて問い合わせ、見つけ出した。

　女性は前日の夕刻タクシーで北口に着いた。運転手が車いすを押してくれた。駅前派出所の警官がエレベーターの扉をかぎであける。そして送り込まれたままだった。**扉の開閉ボタンや非常用ボタンは一メートル余りの高さで車いすから手が届かない。**「せめてボタンが低い位置にあるか、扉にガラスが入っていれば」と彼女は言った。

【위 내용과 관련한 부연 설명】

　　この出来事は駅と車いすの問題を考えさせる。車いすで町を歩くときの不便さは大変なものだ。どうしても利用することになる駅で、エレベーターが無いときはどうするか。あってもかぎをいちいち開けてもらうのは手間がかかるだろう。乗れても、ボタンに手が届かぬとあっては、、、
　各地でエレベーターをつけようという運動が進んでいる。大阪では地域の人々が地下街と地上を結ぶエレベーターを、そして車いすの級友がいる中学生たちが、「学校にエレベーターを」と呼びかけている。
　首都圏の小平市では、障害児を持つ母親たちの「西武鉄道・小川駅の改善をすすめる会」が十五年来の活動を続けている。周辺に障害者の施設が多い小川駅に、鉄道や自治体や一般の協力でエレベーターができた。その経緯は『ああ、エレベーター』に詳しいが、運動を進めるうちに母親たちは次のことを痛感する。代表の大西光子さんの言葉をかりれば「障害者専用でなく、お年よりにも妊婦にも利用できることが望ましい」。

【필자의 의견】

　　特別に身障者だけに何かをする、というのではない。いろいろな人が一緒に生活できる町づくり。そういう自然な考え方が必要な時なのだ。

위의 문장에서 밑줄 친 부분이 각 단락의 중요한 부분이 된다.
【사실관계의 확인】에서는 무슨 일이 왜 일어났는지에 대해서만 언급하면 된다. 글자 수의 제한이 있으니 자세한 설명은 필요 없다.
【부연 설명】에서는 사실관계와 관련한 사실을 중심으로 요약한다. 사실에 대한 설명, 감정이나 느낌에 대한 묘사는 생략한다.
【필자의 의견】에서는 필자가 가장 하고 싶은 말을 한 마디로 요약한다.

이와 같은 내용을 중심으로 200자에 맞춰 요약한 것이 다음의 문장이다. 필요에 따라 고유어를 한자어로 고침으로서 글자 수를 줄일 수도 있고 전체 내용에 영향을 미치지 않는 범위 내에서 순서나 어휘를 바꾸는 것은 가능하다.

車いすの女性が駅の身障者用エレベーターに十何時間も閉じ込められた。ボタンに手が届かなかったからだ。車いすの外出はとても不便なものだ。大阪や首都圏など各地でエレベーター設置運動が進んでいる。障害児の母親たちは、十五年来の運動で駅への設置を実現する中で、障害者だけでなく、老人、妊婦にも利用できるのが望ましいと痛感したという。いろいろな人が一緒に生活できる町づくり。そういう自然な考え方が必要な時なのだ。

가령 이 문장을 100자로 요약 하면 다음과 같이 된다.

　　車いすの女性が駅のエレベーターに長時間閉じ込められた。車いすの外出は不便だ。各地でエレベーター設置運動が進む。ある代表は老人、妊婦も利用できるのが望ましいという。様々な人が共に暮せる町作りが必要だ。

같은 요령으로 50자로 요약할 수도 있고 한 마디로 요약할 수도 있다.
　이런 식으로 요약 하는 것은 긴 문장을 읽고 필자의 의도를 파악하는 연습도 되기 때문에 반드시 필요한 훈련이라고 할 수 있다.

8. 연습

※해답 예가 있지만 그와는 별도로 자신의 논술문을 완성해 보시오.

1 4부 구성 문제

【문제】大東文化大学・国際学科／国際文化学科　出題

「あなたの日本及び日本人観」について述べなさい。

(600字以上800字以内)

＊600자 이상 800자 이내로 글자 수가 제한 된 경우, 600자에서 한 글자라도 부족하거나 800자를 초과한 경우 큰 감점 대상이 된다.

【포인트】

여기서는 '일본관'과 '일본인관' 두 가지를 묻고 있는 점을 간과해서는 안 된다. 제2장 4-3의 내용처럼 단순히 '일본인론'을 요구하는 것이 아니다. '일본관'='일본인관'이라면 문제가 없지만, 특성이 반드시 일치하지는 않는다. 일치하지 않기 때문에 이 문제가 의미 있다고 할 수 있다. 그러므로 일치하는 부분을 논하는 것은 의미가 없고 다른 점을 서술해야 한다.

일본인을 논할 때 외국인으로서 이해하기 어려운 부분이 집단주의와 개인주의의 양면을 갖는다는 점이다. 따라서 여기서는 이 문제의 해결의 실마리를 찾아보도록 하자. 여기서 생각해야 하는 것은 일본인은 언제 집단주의가 되고 언제 개인주의가 되는가라는 점이다.

【내용검토】

지금까지 '무사도(武士道)', '수치의 문화(恥の文化)', '종적 사회(縦の社会)' '아마에의 구조(甘えの構造)', '축소지향(縮み志向)' 등의 많은 일본 또는 일본인론이 발표되었다. 그러나 이러한 이론을 참고하는 것은 좋지만 직접 거론해서 서술하는 것은 피하는 것이 좋다. 제2장 4-3에서도 언급한 바와 같이 이들 '일본인론'은 이미 정착한 이론으로, 이것을 부정 또는 발전시키기 위해서는 상당한 지식이 필요하

다. 또한 시간적으로도 양적으로도 불가능해서 결과적으로 이들 이론의 소개밖에는 되지 않을 것이다.

따라서 일상적으로 일본인에 대하여 보고 느낀 것을 논하면 된다. 즉, 체험담 등을 바탕으로 필자의 독자적인 견해를 서술하면 된다. '일본인의 양면성(本音と建前)', '예의바름', '친절' 등, 실제로 체험할 수 있는 소재를 선택하면 쉽게 쓸 수 있을 것이다.

일본인을 논할 때, 외국인으로서 이해하기 어려운 부분이 집단주의와 개인주의의 양면을 갖는다는 점이다. 따라서 여기서는 이 문제의 해결의 실마리를 찾아보도록 하자. 여기서 생각해야 하는 것은 일본인은 언제 집단주의가 되고 언제 개인주의가 되는가라는 점이다.

【참고지식】

① 획일 지향의 집단주의

일본인 사회에서는 집단 내에서는 같은 행동을 할 것을 요구한다. 주변 사람들과 같은 행동, 같은 생각을 하면 안심하는 특성이 있다. 반대로 남과 다른 행동을 하면 불안해지고, 자기주장이 강하면 따돌림을 당하는 경향이 있다. 이것은 획일적인 샐러리맨의 복장을 봐도 알 수 있는데, 개성이라고는 느낄 수 없는 비슷한 복장이다. 이것은 어느 특정한 집단만이 아니다. 일상생활에서도 주변 사람이 하는 행동이 자신의 행동의 기준이 된다. 그리고 집단 내에 있을 때에는 개인의 가치관보다 집단의 가치관을 중요하게 여긴다. 이러한 집단주의는 모든 개인에게 같은 가치관을 갖게 함으로서 사회적 혼란을 억제하는 역할을 했다. 그렇기 때문에 집단 내의 다른 가치관은 허용되지 않는다.

집단을 이루었을 때 일본인이 큰 힘을 발휘하는 것은 모두가 같은 가치관을 가지고 일치단결해서 행동하기 때문이다. 일본이 패전 후 급격한 경제발전을 이룬 요인 중 하나로, 회사원 전원이 자기를 희생하고 회사의 이익을 위해 일치단결한 것을 들 수 있다.

② '외부'에 대한 집단주의

일본인을 이야기 할 때 종종 '내부內'와 '외부外'를 주제로 삼는다. 자기 자신을 '내부'라는 집단 안에 두고 '외부'와 구별하는 것이다. 회사원이 자신을 소개할 때 무슨 일을 하고 있는지 직종을 말하는 것이 아니고, 자신이 속한 회사명과 그 부서를 말하는 것이 일반적이다. 자신이 속한 '내부' 집단을 회사 단위로는 다른 회사(외부)와 구별하고, 기업 내에서는 다른 부서(외부) 집단과 구별하는 것이다. 소개를 받은 사람은 그 개인을 소속한 부서에 의해 판단하는 것이다. 거기에는 개인의 개성은 문제되지 않고, 판단하는 기준은 어느 집단에 속하는가이다. 그리고 개인은 항상 그 집단에 어울리는 행동을 해야 하고 그렇기 위해 노력하는 것이다.

이것은 자칫 배타주의적인 경향으로 빠질 우려가 있다. '내부'를 자신의 출신지로 했을 때 다른 지역 사람은 '외부'가 되어 배타적이 되고, '내부'에서 같은 행동을 하지 않는 사람을 배척(村八分)하고 '외부'

로 내몰았다. 또한 이 '내부'가 국가인 경우 외국인은 '외부'가 되어 차별과 배척 대상이 된다. 재일한국인에 대한 차별이 바로 그 예라고 할 수 있다.

③ 대표적인 일본론
＊혼네(本音)와 다테마에(建前)
「혼네(本音)」와 「다테마에(建前)」는 사회 현상을 나타내는 일본어이다. 일본사회에는 개인의 사회적 지위에 따라 기대되는 역할이 있으며 이를 지키려는 일본인의 의지도 매우 강하다. 따라서 그런 기대행위와 본심이 다를 경우, 일본인들은 대부분 정직하게 표현하지 않는데 이 때 「혼네」는 숨겨진 진심을 일컫는 말이다. 이와 반대로 「다테마에(建前 : 명분)」란 본심과 일치하지 않지만 사회적 기대에 부합하는, 겉으로 드러내는 행동 및 의견을 말한다.

＊힘에 대한 숭배
무사도를 지배 윤리의 하나의 힘으로 생각할 수 있다. 그리고 일본의 무사도에서는 힘이 어떤 목적을 달성하기 위한 수단이 아니라 힘 그 자체가 목적이다. 마음의 수양도 어디까지나 힘을 기르기 위한 수단일 뿐이다.
바둑을 발명한 것은 중국이었으나 여기에 단(段)을 만들고 힘의 강약을 표현한 것은 일본인이다. 바둑 뿐 아니라 학생의 수영·놀이에서도 단을 만들어 힘의 우열을 가린다. 모든 것에 단을 붙인다는 것은 역시 힘 그 자체가 최고라는 생각과 연결되어 있다.
잉카 제국은 상당한 고도의 문화를 가졌고 철(鐵)을 만드는 기술도 있었으나 전쟁 때에는 일체 철을 쓰지 않고 목제무기(木製武器)를 사용했다고 한다. 일본의 무사도와는 달리 힘을 부정한 문화였다. 그러나 일본의 무사도의 경우 자신의 힘을 끝까지 사용할 것을 요구하고 있다.
'문답무용(問答無用)'이라는 말이 일본인의 힘에 대한 숭배를 잘 나타내고 있다. 힘이 정의(正義)가 되기 쉬운 국민성이다.

＊하지(恥, 수치)의 문화
루스·베네딕트(Ruth, Benedict) : 『국화와 칼(The Chrysanthemum and the Sword)』1946년
일본 문화를 설명한 문화인류학 저서다. 『국화와 칼』은 베네딕트가 전쟁 중에 조사 연구한 것을 기초로 1946년에 출판되었다. 베네딕트는 프란츠·보아즈에게 배운 급진적인 문화 상대주의의 개념을 일본 문화에 적용시켜 은혜(恩惠)나 의리(義理)등 일본 문화 '고유'의 가치를 주장했다.
베네딕트는 일본을 방문한 적은 없었지만 일본에 관한 문헌의 숙독과 일본계 이민자와의 교류를 통해서 일본 문화의 해명을 시도했다. 『국화와 칼』은 미국 문화인류학 사상 최초의 일본 문화론이며 출판으로부터 50년 이상 경과한 현재에도 불변의 가치를 이어가는 고전적인 저작으로 평가받고 있다.

『국화와 칼』은 일본 문화의 가치 체계의 독자성을 강조한다. 그러나 최근에는 이에 대한 회의적인 견해도 볼 수 있다. 즉 일본 문화가 서양 문화와는 반대의 위치에 놓여 있는 것에 대한 비판의 시선이다. 또 일본의 문화를 외적인 비판을 의식하는 수치의 문화라 단정하고, 구미의 문화를 내적인 양심을 의식하는 죄의 문화라고 정의하며, 윤리적으로 후자가 우수하다는 주장을 전개한 것에 대한 비판도 있다.

단지 베네딕트는 제자들에게 『국화와 칼』은 읽지 마라'고 했다고도 전해진다. 또한 더글라스 · 라미스는 『국화와 칼』에는 미개 민족을 보는 시선이 있다고 비판하고 있다.

＊다테(縱, 신분의 상하 관계를 중시하는)사회
나카네 치에(中根千枝) : 『다테사회의 인간관계』 1967년, 『다테사회의 역학(力学)』 1978년.

「다테사회」는 나카네에 의하면 일본인의 집단 참여는 개인의 「자격」보다 그 놓여진 자리에 근거하고 있어 집단 자체도 개인 특징의 공통성보다 테두리의 공유성에 의해서 구성된다. 각자의 「자격」에 따라 복수의 집단에 소속할 수 있는 경우와 달리 「장(場)」으로부터 이탈하면 구성원이 아니게 되는 일본 사회에서는 단일 집단에의 일방적 귀속이 요구된다. 그곳에서는 서로 다른 「자격」자가 포함되기 때문에 구성원 사이에 종적인 관계(윗사람 · 부하, 두목 · 부하, 선배 · 후배)가 발달한다고 한다. 의례적 서열 관계를 존중하는 사회를 말한다.

＊아마에(甘え)의 구조
도이 다케오(土居健郎) : 『아마에(甘え)의 구조』 1971년, 『속 아마에(甘え)의 구조』 2001년

이 책에 의하면 '아마에'는 일본인의 심리와 일본 사회의 구조를 알기 위한 중요한 키워드라고 한다. '아마에'란 주위 사람에게 사랑받아 의존하고 싶다는 일본인 특유의 감정이라고 정의한다. 이 행동을 부모에게 사랑을 요구하는 아이에게 비유한다. 또 부모와 자식 관계는 인간관계의 이상적인 형태, 즉 다른 인간관계에서도 부모와 자식 관계와 같이 친밀함을 요구해야 한다고 한다.

이 책은 도이 다케오가 1950년대의 미국 유학시절에 받은 문화 쇼크를 분석하기 위해 시도한 일본탐구서다. '아마에'에 해당하는 말이 다른 언어에서 발견되지 않는 점에 주목했다. 사피아 · 워후의 문화 언어론(사피아 · 워후의 가설, 언어적 상대론), 프로이드의 정신 분석, 루스 베네딕트의 『국화와 칼』에서 영향을 받았다.

그러나 이어령은 도이가 '아마에'가 일본어에 밖에 없다고 한 것을 『축소」지향의 일본인』에서 비판하며 한국어에도 '아마에'에 해당하는 단어가 있다 한다. 도이는 그 후 서양에도 '아마에'에 해당하는 말이 있다고 인정하며 '아마에 론(論)'을 수정했는데, 결과적으로 논의의 독자성이 사라지고, 또 프로이드 사피아=워후의 가설을 무효라고 주장하는 입장에서는 사실상 무효가 된 서적이라고 주장되기도 한다.

＊「축소」지향

이어령 : 『「축소」지향의 일본인』1982년

　작은 것의 미(美)를 인정해 모든 것을 「축소」하는 것에 일본 문화의 특징이 있다고 말한다. 전 세계에 퍼진 부채, 일렉트로닉의 선구가 된 트랜지스터라디오 등은 그러한 「화혼(和魂)」이 만들어낸 오리지널 상품이었다.

　일본인이 처음으로 개발해 세계에 확산시킨 상품은 좁은 부채였다. 탁월한 시점에서 일본인의 「축소지향」을 선명하게 말해 일본 문화의 본질이나 일본이 공업화 사회의 정상으로 도약할 수 있었던 비밀을 명쾌하게 분석한다.

【작문메모】

　　　　　　　　　「일본인관」　　→　　개인으로서의 일본인
　　　　　　　　　「일본관」　　　→　　집단으로서의 일본인

글자 수, 질문 내용으로 보아 전형적인 4단 구성이다.

　　문제제기 : '일본인은 과연 친절한가'를 주제로 이에 대한 No를 전개한다.
　　제2단락　: 분명히 친절하다는 내용으로 시작한다. 이것은 체험담을 중심으로 풀어 가면 된다. 그러나 이 경우 어디까지나 개인으로서의 일본인이다.
　　제3단락　: 집단, 즉 전체 일본인 집단의 한 사람으로서의 개인은 친절하지 않다는 논리를 전개한다.
　　결　　론 : 개인은 친절하지만 집단의 한 사람으로서는 친절하지 않다. 따라서 '일본관'과 '일본인관'이 상반되는 것으로 결론을 도출한다.

제2장 4-**3**에서 제시한 순서로 아래와 같이 작문 메모를 완성해 보기로 한다.

文段	項目	具体的な文章
問題提起	・日本に来るまで、日本人は謙虚で親切だと思っていたが、日本に来てみるとそうでもない。 ・個人的に、日本人は親切だが、差別問題などを考えると、全く逆な人間になる。	私は、日本へ来るまで、日本人は謙虚で親切だと思っていた。日本に来て、それに疑問を感じるようになった。日本人は果たして、謙虚で親切であるのか。
反対意見提示	・韓国で会った日本人は、謙虚で親切であり、韓国の文化を称賛していた。 ・外国人の私達が、道を聞けば丁寧に教えてくれるし、どの店に入っても、店員さんは親切だ。私たちはこうした美点を礼讃する。	確かに、韓国で会った日本人はみな謙虚で親切であった。そして、心から韓国文化を愛してくれ、一緒に古宮や国立博物館にもよく行った。そして、日本に来ても、道を聞けば丁寧に教えてくれるし、店員さんはいつも親切だ。
自分の意見提示	・日本人は、自国の文化は世界一だと思っている。例えば、日本料理は、その美意識から誰もが真似出来ないものと思っている。 ・自分達を、特異な民族と考えている。 ・東洋人と欧米人に対する態度に差がある。 ・日常会話では英語をよく使う。英語で話すのがかっこいいと思っている。 ・明治の文明開化以来、西洋に追い付け追い越せと頑張ってきた。そして、今日の繁栄を築いた。だから、目はいつでも欧米の方に向いているのだろう。 ・アジアの方へ関心がおろそかになっていないだろうか。 ・アジアの発展途上国から来た人たちは、アパート探しから仕事まで、日本国内で随分と嫌な経験をしている。	しかし、日本へ来て部屋を探すのに随分苦労した経験がある。私が韓国人であるため、部屋を貸してくれなかったのである。その時の断り方はいつも、「私は構いませんが、回りの住民が嫌がりますので、」であった。ある不動産屋では、韓流スターのポスターが壁に張ってあり、おじさんは韓国が好きだと言ってくれた。それなのに、結果は同じで、韓国人の私に部屋を貸すのを断った。それを、日本人の知人に話すと、憤慨はしたが、最後に「日本人なら、そうだろうな」と自分自身納得していた。 　断った理由の「回りが嫌がりますので」、本当に回りの人に聞いたのかは疑問であり、それに対する客観的裏付けはないだろう。日本人の集団が持っている先入観からの判断であろう。

自分の意見提示	・その時、よく言われるのが、「私個人としては、差別意識もなく、部屋を貸してあげたいのですが、回りの住民が反対しますので、仕方がありません」	一人一人に聞けば、おそらく不動産屋と同じ「私は構いませんが」という応えが帰ってくるであろう。さらに、知人が納得して「日本人なら、そうだろう」、これも「なにがそうなのか」分からない。自分達だけで納得しているのである。
結論	・日本人は、親切な国民性を持っていると思っている。 ・日本は外国人、特に東洋人には親切でない。これは、日本人を「内」として、外国人を「外」とし、自分の集団以外の人を排斥する傾向がある。自信を持てるのは経済だけではないのか。	日本人は、自分達は親切な国民だと思っている。その限りにおいて、それに従って行動するであろう。これは、相手が「外」にいるとき、また自分達と対立しない限り、親切である。しかし、自分達の「内」に入ってきたとき、排外的になる。これは、個人の意志とは関係ない集団の意志である。つまり、部屋探しがまさにそれであった。

【해답 예】

　私は、日本へ来るまで、日本人は謙虚で親切だと思っていた。日本に来ると、それに疑問を感じるようになった。日本人は果たして、謙虚で親切だろうか。

　確かに、韓国で会った日本人はみな謙虚で親切であった。そして、心から韓国文化を愛してくれ、一緒に古宮や国立博物館にもよく行った。そして、日本に来ても、道を聞けば丁寧に教えてくれるし、店員さんはいつも親切だ。

　しかし、日本へ来て部屋を探すのに随分苦労した経験がある。私が韓国人であるため、部屋を貸してくれなかったのである。その時の断り方はいつも、「私は構いませんが、回りの住民が嫌がりますので、」であった。ある不動産屋では、韓流スターのポスターが壁に張ってあり、おじさんは韓国が好きだと言ってくれた。それなのに、結果は同じで、韓国人の私に部屋を貸すのを断った。それを、日本人の知人に話すと、憤慨はしたが、最後に「日本人なら、そうだろうな」と自分自身納得していた。

断った理由の「回りが嫌がりますので」、本当に回りの人に聞いたのかは疑問であり、それに対する客観的裏付けはないだろう。日本人の集団が持っている先入観からの判断であろう。一人一人に聞けば、おそらく不動産屋と同じ「私は構いませんが」という応えが帰ってくるであろう。さらに、知人が納得して「日本人なら、そうだろう」、これも「なにがそうなのか」分からない。自分達だけで納得しているのである。

　日本人は、自分達は親切な国民だと思っている。その限りにおいて、それに従って行動するであろう。これは、相手が「外」にいるとき、また自分達と対立しない限り、親切である。しかし、自分達の「内」に入ってきたとき、排外的になる。これは、個人の意志とは関係ない集団の意志である。つまり、部屋探しがまさにそれであった。

이상은 비판적인 해답이지만, 긍정적으로도 쓸 수 있다. '일본에 올 때까지 일본인은 배타적이라고 생각했는데, 만나는 사람마다 모두 친절했다'는 식의 전개도 가능하다.

2 2부 구성 문제

【문제】千葉大学・法経学部経済学科　出題

> 近年、日本で働く外国人労働者が増えています。日本政府は、外国人労働者に一定の枠をはめて、無制限には外国人労働者の入国を認めていません。しかし、現実的には不法就労者としての外国人が日本で働いています。こうした日本の外国人労働者政策をどのように考えますか。

【포인트】

외국인 노동자에 대한 일본정부의 방침이 현실과 동떨어져 있고 인권에 관한 문제로도 이어진다. 독일 수상이 '노동자를 불렀는데 인간이 왔다'는 말이 상징하는 바와 같다.

또 이 문제는 일본에 체류하는 많은 유학생이나 연수생과도 관계된다. 일본어학교의 입학조건이나 출석상황, 아르바이트 취로 등과 관련해 일본정부가 매우 엄격한 제한을 두고 있다.

【내용검토】

① 일본정부의 방침

일본정부의 기본 방침은 제6차 고용대책기본계획(1988년 6월 17일 각료회의 결정)에서 전문적·기술적 능력을 가진 외국인은 적극적으로 받아들이지만 이른바 단순 노동자에 대해서는 원칙적으로 받아들이지 않는다는 방침이다. 그 범위는 출입국관리 및 난민인정법(입국관리법)에 구체적으로 제시되어 있다.

「입국관리법」

현재의 체류자격은 27종류이고 그것을 취로 가능과 불가능을 기준으로 하면 다음의 세 구분으로 나눌 수 있다.

  1. 체류자격에서 정한 범위에서 취로가 인정되는 체류 자격 : 17종
    (1) 외교 (2) 공용 (3) 교수 (4) 예술 (5) 종교 (6) 보도 (7) 투자·경영, (8) 법률·회계업무 (9) 의료 (10) 연구 (11) 교육 (12) 기술 (13) 인문지식·국제업무

(14) 기업내 활동 (15) 흥행 (16) 기능 (17) 특정활동(워킹홀리데이, 기능실습생, EPA(경제연계협정)를 기반으로하는 외국인 간호사 · 개호복지사 등)

2. 원칙적으로 취로가 인정되지 않는 체류자격 : 6종류
   (1) 문화 활동 (2) 단기체재 (3) 유학 (4) 취학 (5) 연수 (6) 가족체류
   '유학', '취학' 및 '가족체류' 자격으로 체류하는 외국인이 아르바이트 등의 취로활동을 할 경우에는 지방입국관리국에서 '자격외 활동' 허가를 받을 필요가 있다.

3. 취로활동에 제한이 없는 체류자격 : 4종류
   (1) 영주자 (2) 일본인 배우자 등 (3) 영주자의 배우자 등 (4) 정주자(定住者)

이상과 같이 선진국 중 일부 나라들에 엄격한 '입국관리'규제가 있어서 외국인노동자의 숫자를 제한하려고 한다.

② 현상

일본에서의 대부분의 외국인 노동자는 법적으로 인정받지 못하는 '단순노동자'이고, 기능실습생 등 변칙적으로 취로하는 경우가 많다. 또한 입국을 제한하고 있음에도 불구하고, 관광비자나 취학비자 등으로 입국하여 비자의 유효기간이 끝나도 그대로 일본에 체류하며 단순노동을 하는 불법취로외국인이 끊이지 않는다. 이 때문에 불법취로자에 대한 벌칙을 강화하고 있다.

그러나 경제대국이라는 요소가 있는 이상 유럽의 예를 보더라도 외국인노동자의 이입을 완전히 막는 것은 불가능하다고 할 수 있다. 그렇다고 합법적 취로를 인정해도 수용 한도의 범위 등의 규제를 두지 않을 수 없고, 그 범위에 들어갈 수 없는 사람들이 다양한 형태로 입국을 시도하기 때문에 결국 불법취로자는 줄지 않는다고 한다.

또 외국인노동자의 일본 정주화가 늘고 있다. 이에 반해 외국인이 증가하는 것은 치안불안이나 여러 가지 충돌을 야기한다고 걱정하는 목소리도 들린다. 또한 원래부터 국민국가관이 강한 일본에서 민족차별 양상도 보인다.

③ 외국인 단순 노동자가 증가한 이유
〈일본 측이 외국인노동자를 수용한 목적〉
＊경제성장기에 노동력이 부족했다.
＊3D업종에 종사할 일본인이 없다.
＊기업으로서는 저임금 외국인노동자가 불가결한 존재다.

〈외국인이 일본에 온 목적〉

＊'부자나라' 일본에서 돈을 벌기 위해

＊외국인 노동자를 보내는 나라로서는 자국 내의 실업자를 줄인다.

＊모국으로의 송금으로 외화를 벌어들인다.

＊선진 기술을 배울 수 있다.

④ 문제점

〈일본 측에서 본 문제점〉

＊불법취로자가 많다.

＊거품경제가 붕괴된 이후 노동력이 남는다.

＊일본인의 고용 기회를 외국인이 차지한다.

＊외국인 범죄가 증가한다.

〈노동자 측에서 본 문제점〉

＊'입국관리' 심사가 엄격하기 때문에 불법취로자가 된다.

＊임금이나 대우 면에서 차별받는다.

＊건강을 해치거나 사고로 다쳐도 충분한 치료를 받을 수 없다.

＊직장에서 민족 차별을 받는다.

＊회사가 어려워졌을 때 가장 먼저 해고당하는 것은 외국인노동자다.

【작문메모】

일본정부의 외국인노동자 정책 ↔ 외국인노동자의 현실

질문은 일본정부의 외국인노동자 정책과 현실과의 격차를 제시하고, 일본정부의 정책이 올바른가를 묻는다. 단 문제의 초점은 불법취로자인 것에 유의할 필요가 있다. 구성은 기본적으로 Yes 또는 No를 정해서 구체적인 해결책을 제시하는 형태가 좋을 것이다. 여기서는 No의 입장에서 4부 구성으로 정리해 보았다.

　　문제제기 : '일본정부의 외국인노동자 정책은 이대로 좋은가'를 No의 입장에서 시작한다.
　　제2단락　: 분명히 불법노동자는 법치국가에서는 문제다. 그 대책이 필요하다.

제3단락 : 그러나 왜 불법노동자가 되는지, 법률에 문제가 있는 것은 아닌지,
그리고 필요해서 불렀음에도 이제 와서 그들의 인권은 짓밟히고 있다.
결 론 : 외국인노동자의 인권을 고려하여 현실에 맞는 정책을 검토해야 할 것이다.

제2장 4-❸에서 제시한 순서로 아래와 같이 작문 메모를 완성해 보기로 한다.

文段	項目	具体的な文章
問題提起	・現在、多くの不法就労者が日本に滞在しており、日本政府はこの不法就労者の規制を強化している。 ・元々彼らは合法的に日本に入り底辺で日本経済を支えてきた単純労働者であった。 ・何故不法就労者になってしまったのか。 ・今の日本政府の外国人労働者受け入れ政策に問題はないのだろうか。	現在、多くの不法就労者が日本に滞在しており、日本政府は不法就労者の規制を強化している。元々は彼は合法的に日本に入り底辺で日本経済を支えてきた単純労働者であったにもかかわらず、何故不法就労者になってしまったのか。今の日本政府の外国人労働者受け入れ政策に問題はないのだろうか。
反対意見提示	・外国人労働者の受け入を規制する、どこの国にも共通する。 ・日本政府は「単純労働者」を原則として受け入れていない。 ・日本人の雇用機会を外国人が奪っている。 ・外国人の犯罪が増えている。 ・日本は法治国家なので、不法就労者を取り締まるのは当然である。 ・日本人労働者からの反発も大きい。	確かに、日本は法治国家なので、不法就労者を取り締まるのは当然であり、さらに日本政府は「単純労働者」を原則として受け入れていない。外国人労働者の受け入れを制限するのは、他の国も同様である。また、不法滞在者の犯罪が増加し、社会問題となり、最近では日本人の雇用機会を奪う者として、日本労働者からの反発も大きい。
自分の意見提示	・バブル崩壊以後、労働者が余っている。 ・「入管」の審査が厳しいため、不法就労者になる。 ・職場において民族差別が頻繁に繰り返されている。	しかし、現に押し寄せてくる外国人の大半が、規制されているはずの単純労働者である。しかも、日本が彼らを必要としたから受け入れたのである。そして、日本人が嫌がる３K労働を担ってくれる労働者は、日本にとって非常に有難く必要な存在と言える。

自分の意見 提示	・賃金や待遇面で差別されている。 ・健康を害したり、事故で怪我をしても、満足な治療を受けられない。 ・日本政府は「単純労働者」を原則として受け入れていない。 ・「単純労働者」を原則として受け入れていないが、現に押し寄せてくる外国人の大半が、その単純労働者である。 ・豊かな国である日本に出稼ぎに来るのは当然で、後を絶たない。 ・日本人が嫌う３Ｋ労働を担っている。 ・日本人より低賃金で働くので、歓迎する中小企業が多く、日本経済の底辺を支えてきた。 ・このように劣悪な環境に追い遣られれば、犯罪が多くなる。 ・合法的に就労ができれば犯罪率も低下するであろう。 ・合法的に日本の技術や経営をきちんと学び、自国へ戻って経済建設に役立てられたら、得るところは大きい。 ・不法ゆえの社会的圧迫、人権無視、健康破壊が続けば、彼らはきっと日本に悪い印象を持って帰国する。	このような労働者は、豊かな日本においてお金を稼ぐ目的で入国したので、少しでも長くお金を稼ぎたいと思っている。しかし、「入管」の審査が厳しいため、ビザの有効期限が切れてもそのまま日本に滞在して不法就労する場合が多い。また、不法滞在である彼らの労働力を必要とする企業が存在するのも現実である。 　問題は、不法滞在ゆえに、健康を害したり、事故で怪我をしても、満足な治療を受けられず、さらに賃金が低く、職場において民族差別も頻繁に繰り返されている。人権問題にもなっている。また、このように劣悪な環境に追い遣られれば、犯罪が多くなるのは当然で、合法的に就労が出きれば犯罪率も低下する。 　合法的に日本の技術や経営をきちんと学び、自国へ戻って経済建設に役立てられれば、日本に対する印象も良くなるであろう。反対に、不法ゆえの社会的圧迫、人権無視、健康破壊が続けば、彼らはきっと日本に悪い印象を持って帰国するだろう。
結論	・人権保障政策を確立する。 ・日本が一番必要としている単純労働者の受け入れを正式に認める。 ・問題のない労働者にはビザ期限の手続きを簡単にする。	従って、早急に人権保障政策を確立するとともに、日本が一番必要としている単純労働者の受け入れを正式に認め、問題のない限りビザ期限の延長の手続きを簡単にすべきである。

【해답 예】

※질문에는 글자 수 지정이 없다. 일단 800자 정도로 써 보았다.

　現在、不法就労者が急増しており、これに対し日本政府は不法就労者の規制強化に臨んでいる。元々彼らは合法的に日本に入り、底辺で日本経済を支えてきた単純労働者であった。にもかかわらず、何故不法就労者に陥ってしまったのか。今日の日本政府の外国人労働者受け入れ政策に、問題はないのだろうか。

　確かに、日本は法治国家として不法就労者を取り締まるのは当然であり、さらに、日本は「単純労働者」を原則として受け入れていない。外国人労働者の受け入れを制限するのは、他の国も同様である。また、不法滞在者の犯罪が増加し社会問題にもなっている。

　しかし、日本にいる外国人労働者の大半が、単純労働者で日本人が嫌がる3K労働を担ってくれる、日本にとって非常に有難い存在である。このような労働者は豊かな日本においてお金を稼ぎたく入国したので、少しでも長くお金を稼ぎたいと思うのが普通である。しかし、日本の「入管」審査は厳しく、ビザの延長は難しい。このため、ビザの有効期限が切れてもそのまま日本に滞在し、不法就労する者が必然的に多くなったといえる。また、彼らの労働力を必要とする企業が存在しているため、不法滞在でも就労が出きるという事実を見逃してはならない。即ち、日本社会は、彼らを必要としているのである。

　それにもかかわらず、不法就労者は、不法滞在ゆえに、健康を害したり事故で怪我をしても満足な治療が受けられず、さらに、賃金も低く、職場において民族差別まで受けている。不法だからといって、人間としての尊厳が踏み躙られてもいいものではない。

　また、社会問題となっている犯罪の増加であるが、このように劣悪な環境に追い遣られれば犯罪が多くなるのは当然で、合法的に就労が出きれば犯罪率も低下する。さらに、彼らの滞在を合法化すれば、帰国しても日本に感謝するであろう。

　従って、早急に人権保障政策を確立するとともに、日本が必要としている単純労働者の受け入れを正式に認め、問題のない限りビザ期限の延長手続きを簡単にできるようにすべきである。

3 과제문이 있는 문제

【문제】東京外国語大学　日本語学科　出題

(問い3) 次の文章は、ある大学教授が日本の中学生や高校生に向けて書いたものです。この文章を讀んで、後の問いに答えなさい。

　「中学生らしく」とか、「高校生らしく」とか、よく言う。
　僕は、この言葉が嫌いだ。そんなことを言っていると、男は男らしく、女は女らしくなって、果ては日本人は日本人らしく、何てことを言い出すのじゃないかと思う。
　ナントカらしさというのは、どうも人それぞれに思い入れがありながら、何かのタイプを連想して、人間をその型にはめこもうとするところがある。それが、どうしてナントカらしいのか、と言われたら困るだろう。僕だって、大学教授らしくしろなんて言われたら、どうしていいか、わからない。
　もっとも、「中学生らしくないように」とか「高校生らしくないように」とか、そう振る舞おうとするのも、同じくらいあほらしい。型から抜けようとして、別の型にはまりかねない。
　結局は、自分らしくあるのが、最上であろう。何をするにしても、ああ、あの人らしいことをすると言われ、あの人らしい考え方だと思われるのがよい。それには、何かの型なんか必要ない。
　もっとも、人間がそうなるのは、一生かかるとも言える。他の誰でもない、自分の生き方を作って行くことが、その人の一生のようなものだ。
　それでも、若者は若者なりに、「若者らしく」ある以前に、その人らしさがあってよいと思う。「中学生」であったり、「高校生」であったりする以前に、まず人間であり、それも、他の誰でもない、自分という人間なのだから。
　ナントカらしさなどと言わずに、たとえば、やさしさを身につけることはできる。それは「女らしさ」から来たりはしない。君が男の子なら男の子なりに、そして、女の子なら女の子なりに、やさしさを持てばよい。その場合、男の子ならこんな具合いに、女の子ならあんな具合いにと、決っているわけではない。それぞれに、自分にあったやさしさなり、自分としての魅力なりを持てばいいのだ。
　ところが、世間というものは、中学生が「中学生らしい」型にあると、安心するようなところがある。もっとも、その「中学生らしさ」というのは、随分と勝手に動くもの

で、何が「中学生らしい」のかと聞かれたら、誰だって困るだろう。但し、その曖昧なのが管理する側から便利なところが、もっと困ることである。

　さらに、この「らしさ」というのが、どうも受け入れられてしまうのだ。先日、テレビで、制服は必要かどうかという討論を見ていたら、なんと制服に反対する人までが、「中学生らしく」ありさえすれば制服でなくてもよい、と主張していた。

　僕は「中学生」であるとか、「高校生」であるとかいうのは、その人の人間性にとっては、副次的なことと思う。学生とか、教師とか、サラリーマンとか、その人が社会的に存在している身分で、あり方を決めようとしすぎると思うのだ。江戸時代なら、武士は武士らしく、町人は町人らしくしていないと、ひどい目にあったものだが、今はそんな時代ではないはずだ。

(森毅『まちがったっていいじゃないか』による)

　設問1．この教授が言いたいことを、200字前後でまとめなさい。
　設問2．この教授の意見について、あなたの考えを400字前後で述べなさい。

【포인트】
　필자는 두 가지의「らしさ」를 대립시켜「自分らしさ」를 가져야 한다고 주장한다.

[ナントカらしさ]　↔　[自分らしさ]

【내용검토】
　＊「ナントカらしさ」는 싫다.
「ナントカらしさ」라는 것은 '어떤 타입을 연상해서 인간을 그 틀에 끼워 넣는 것'으로, 예를 들면「男らしい」,「女〜」,「日本人〜」,「教授〜」 등이다. 이것은 인간을 관리하기 쉽게 하기 위하여 성별, 민족, 직책 등으로 유형화하는 것이다. 또 인간을「ナントカらしさ」로 유형화함으로서 세상은 사람을 판단하기 쉽고, 또 그 기준에 의해 안심하기도 한다. 그러나 이 개념은 애매해서 그때그때 상황에 따라 편리하게 사용된다. 또 과거에는 신분의 차이에 따라「らしさ」가 강요되고, 신분제도를 지탱하는 요인이기도 했다.
　→　中学生を画一化し、個性を奪うものでもある。

＊「自分らしさ」를 가져야 한다.

「自分らしさ」라는 것은 자기 자신을 갖는 것이다. 그러기 위해서는 아이덴티티의 확립이 가장 중요하다. 남의 흉내를 내는 것이 아니고 자기 나름의 매력을 가져야 한다.

→ 他人と同じではない個性を持つべきである。

【질문1】이 교수가 말하고자 하는 것을 200자 전후로 요약하시오.

요약하는 문제인데 내용이 반복되기 때문에 과제문을 그대로 집약하면 해답이 될 수 없다. 필자의 주장 부분을 중심으로 의미를 부여해야 한다. 즉 '이 교수가 말하고자 하는 것'은「自分らいしさを持つべきだ」이다.

여기서 틀리기 쉬운 것은, 자신의 의견을 쓰는 것이 아니고 필자의 의견을 요약하는 것이다. 자신의 의견을 쓰는 것은 다음의【질문2】이다.

【작문메모】
요약문도 논술문 형식을 사용하면 된다. 200자의 짧은 문장이기 때문에 2부구성으로 정리하면 된다.

文段	項目	具体的な内容
結論	・「中学生らしい」という言葉は嫌いだ。 ・「自分らしさ」を持つべきだ	「中学生らしさ」でなく、「自分らしさ」を持つべきだ。
本論	・「中学生らしさ」は、中学生を画一化し、個性を奪うものでもある。 ・性別・民族・肩書きなどで人間を類型化する。 ・「らしさ」は概念が曖昧で、そこが管理化に利用される。 ・自分のアイデンティティーを確立すべきだ。 ・「自分らしさ」を持つべきだ	「ナントカらしさ」というのは、人間を管理しやすくするために、人間を性別・民族・肩書きなどで類型化するもので、さらに、「中学生らしさ」は中学生を画一化し、それぞれの個性を奪うものといえる。中学生にとって重要なのは、自分のアイデンティティーを確立し、「自分らしさ」の魅力を持つことである。

【질문1의 2부구성의 해답 예】

> 「中学生らしさ」でなく、「自分らしさ」を持つべきだ。
> 　「ナントカらしさ」というのは、人間を管理しやすくするために、人間を性別・民族・肩書きなどで類型化するもので、さらに、「中学生らしさ」は中学生を画一化し、それぞれの個性を奪うものといえる。中学生にとって重要なのは、自分のアイデンティティーを確立し、「自分らしさ」の魅力を持つことである。

【질문2】 이 교수의 의견에 대해 당신의 생각을 400자 전후로 서술하시오.

【작문메모】
　이것은 필자의 주장에 대해 의견을 서술하는 문제다. 그야말로 Yes 또는 No의 문제다. 어느 쪽의 태도를 취했다고 해서 평가가 낮아지는 않는다. 요는 자기주장을 어떻게 납득시킬 수 있는가이다.
　먼저 찬성론과 반대론을 정리해서 시작하는 것이 좋다.

〈찬성론〉
＊「ナントカらしさ」で人間を鋳型にはめ、画一化する。
＊「らしさ」は世間に受け入れやすく、管理しやすい。
＊型からはずれる者を外に閉め出してしまう。

〈반대론〉
＊「○○もだいぶん中学生らしくなってきたな」「主婦らしくなってきた」は、成長を認めるものである。
＊「らしさ」は、その立場にふさわしい内面の充実を求めたり認めたりする表現でもある。
＊「横綱らしい」という言葉も、大相撲の横綱としての技量と人格を求めるものである。
＊「教師らしくなった」「あの人も、板前らしくなってきた」は、職業人としての責任を自覚させる意味で、「ナントカらしさ」を強調する。

　이하, 반대론을 4부 구성으로 정리해 보았다.

文段	項目	具体的な内容
問題提起	・「ナントカらしさ」が人間を類型化しているのか。 ・「ナントカらしさ」は、人を管理するための言葉なのか。	「ナントカらしさ」が、全ての人間を類型化し管理するのものだ、という筆者の意見に疑問を感じる。
反対意見提示	・「ナントカらしさ」で人間を鋳型にはめ、画一化する。 ・「らしさ」は世間に受け入れやすく、管理しやすい。 ・型からはずれる者を外に閉め出してしまう。	確かに、筆者が指摘するように、「ナントカらしさ」は人間を管理しやすくするため型にはめ、その型からはずれる者を外に閉め出してしまう恐れがある。
自分の意見提示	・親が自分の子供を見て「〇〇もだいぶん中学生らしくなってきたな」と成長を喜ぶ場合はどうか。 ・職業人としての責任を自覚させる意味で、「ナントカらしさ」を強調する。 ・類型化というよりも、その立場にふさわしい内面の充実を求めたり認めたりする表現といえる。 ・「横綱らしい」という言葉も、大相撲の横綱としての技量と人格を求めるものである。 ・「あの人も、板前らしくなってきた」 ・「教師らしくなった」 ・「主婦らしくなった」	しかし、「あの子も中学生らしくなってきた」と親が子供の成長を喜ぶときはどうか。また、「あの人も、板前らしくなってきた」とプロとしての職業的責任を認める意味で用いる場合もある。 「横綱らしい」という言葉も、大相撲の横綱としての技量と人格を求めるものである。これらは類型化というよりも、その立場にふさわしい内面の充実を求めたり認めたりする表現といえるのではないか。
結論	・必ずしも全否定する必要はない。問題点さえ取り除けばいいのではないか。 ・社会的身分など外形で類型化する以外に、内面からにじみ出るものを表現する場合もある。	従って、「らしさ」には、社会的身分など外形で類型化する以外に、内面からにじみ出るものを表現する場合もある。一方的に、「らしさ」は人間を類型化し管理するものだと批判できない。

【질문2의 해답 예】

　　「ナントカらしさ」は全ての人間を類型化し管理するのものだ、という筆者の意見に疑問を感じる。

　確かに、筆者が指摘するように、「ナントカらしさ」は管理しやすくするため、人間を類型化し型にはめ込み、その型からはずれた者を外に閉め出してしまう恐れがある。

　しかし、「あの子も中学生らしくなってきた」と親が子供の成長を喜ぶとき。また、「あの人も、板前らしくなった」とプロとしての職業的責任を認める意味で用いる場合。「横綱らしい」という言葉も、大相撲の横綱としての技量と人格を求めるものである。これらは類型化というよりも、その立場にふさわしい内面の充実を求めたり認めたりする表現といえるのではないか。

　従って、「ナントカらしさ」には、内面からにじみ出るものを要求し認める表現をも兼ね備えている。一方的に、「ナントカらしさ」は人間を管理し個性を奪うものだ、と批判するものではない。

제3장
부록

1 자주 사용되는 일본한자

咄	はなし	喰	くう・くらう	躾	しつけ
垈	ぬた	塀	へい	鈨	ぶ
岾	くら	椚	くぬぎ	錺	かざり
怺	こらえる	椙	すぎ	銸	にえ
枡	ます	椛	もみじ・かえで	鯰	なまず
枠	わく	椨	たぶのき	鴫	しぎ
毟	むしる	硲	はざま	嬶	かかあ
瓩	キログラム	蛯	えび	燵	たつ
迚	とても	鈨	はばき	簓	ささら
俤	おもかげ	閖	ゆり・ゆる	鮊	おおぼら
俥	くるま	颪	おろし	鮴	こち・まて
俣	また	働	はたらく	鯎	うぐい
听	さそう	嵶	たわ	鮖	ごり
峠	とうげ	搾	さく・しぼる	衙	ちどり
栂	つが・とが	椌	むろ	鴇	とき
粂	くめ	榊	さかき	鵥	かけす
籾	もみ	熕	こう	鵤	いかる
桝	ます	糀	こうじ	麿	まろ
栫	かせ	碇	しかと	餫	うん
艶	もみじ	莝	ざ	鯱	しゃち
畠	はたけ	鋸	かすがい	鰍	どじょう
粍	ミリメートル	鞆	とも	鯰	なまず
桝	しきみ	墹	まま	鵤	いすか
梺	ふもと	樫	かし	鶏	きくいただき
笹	ささ	糎	センチメートル	鮠	はや・はえ
鮑	あわび	縅	おどし	鯶	はらか
袴	はかま	訂	じょう・おお	鶫	つぐみ
裃	かみしも	鋲	びょう	癪	しゃく
裄	ゆき	鞐	こはぜ	纐	こう

2 자주 사용되는 어휘의 표현 방법

1. **あいにく** : 공교롭게도. 마침. 재수 없게도. 불행히도. 〔동의어〕**折りあしく**

   - 訪ねたところ、あいにく不在だった。
     방문했더니 공교롭게 자리에 없었다.
   - あいにく雨が降って来た。
     마침 비가 내렸다.
   - あいにく、それらの事実はその理論を完全に裏付けるものではない。
     불행히도 그 사실들이 그 이론을 완전히 밑받침해 주지는 않는다.

2. **あくまで** : 어디까지나. 끝까지. 철두철미. 철저히.

・あくまで意地を通そうとする。	끝까지 고집을 관철하려 들다.
・あくまで自分の信念を貫く。	끝까지 자신의 신념을 관철하다.
・あくまで伝統を固守しようとした。	어디까지나 전통을 고수하려고 했다.

3. **あらかじめ** : 미리. 사전에. 앞서서. 〔동의어〕**まえもって**

   - 平和維持活動は、その性質上あらかじめ計画することが難しい。
     평화 유지 활동은 그 자체의 특성상 사전 계획이 어렵다.
   - 成ろうことなら、あらかじめ教えてほしかった。
     가능하다면 미리 알려 주었으면 좋았을 것이다.
   - 彼は警察に感謝の意を述べて、あらかじめ用意された陳述書を読み終えた。
     그는 경찰에게 감사의 뜻을 표하고 미리 준비된 발언을 마쳤다.

4. **あんがい(案外)** : 뜻밖(에). 예상외(의). 의외(로). 〔동의어〕**よそうがい(予想外)**

・あんがいな結末。	뜻밖의 결말.
・あんがいな成り行き。	예상 밖의 경과.
・あんがい手強い敵。	의외로 만만치 않은 적.

5. **いずれ(何れ・孰れ)** : 언젠가. 어쨌든. 어차피. 아무래도. 결국은.
    〔동의어〕**どのみち・どちらにせよ**

・いずれ又伺います。	언젠가 다시 찾아뵙겠습니다.
・いずれおとらぬ顔揃い。	내노라하는 쟁쟁한 면면.
・いずれの立場にも与みしない。	어느 쪽 입장에도 편들지 않다.
・いずれにしても、ありがとう。	어쨌든 고마워요.
・いずれにせよ僕は賛成できない。	어쨌든 나는 찬성할 수 없다.

6. **いちおう(一応)** : 일단. 대강. 대충. 우선은. 어쨌거나. 한 차례. 한 번.
    〔동의어〕**ひとわたり(一渡り)**

・一応そこまで行ってみよう。	일단 거기까지 가 보자.
・先方の意見を一応聞き置く。	상대편의 의견을 일단 들어 두다.
・若しもと思って一応確かめてみる。	혹시나 하고 일단 확인해 보다.

7. **いっそ** : 차라리. 도리어. …할 바에는. 〔동의어〕**むしろ・かえって**

・いっそ酒でも飲もうや。	차라리 술이나 마시자.
・いっそ一思いに死にたい。	차라리 단김에 죽고 싶다.
・いっそ一思いに別れてくれ。	차라리 깨끗하게 헤어져 주게.

8. **いっそう(一層)** : 한층 더. 더욱.

- 彼らは私有財産のいっそうの国家管理を望んでいる。
  그들은 사유 재산에 대한 국가의 더 많은 통제를 원한다.
- いっそう高い植物が家からの眺めをさえぎっている。
  키가 더 큰 초목들이 그 집의 전망을 가로막는다.
- 両国とも西側とのいっそう緊密なつながりを求めている。
  양국 모두 서방과의 보다 긴밀한 유대 관계를 추구하고 있다.

9. **いまさら(今更)** : 새삼스럽게. 지금에 와서. 이제 와서. 〔동의어〕**あらた(改)めて**

・いまさら行っても駄目だろう。	이제 와서 가봐야 소용없을 거야.
・いまさら泣いてなんとしよう。	이제 와서 울면 뭘해.

- いまさら何を言っても手遅れだ。　　　　　　이제 와서 무슨 말을 한들 돌이킬 수 없다.
- いまさらあれこれと言ってもむだだ。　　　이제 와서 이렇다 저렇다 말해도 소용없다.

10. いわば(言わば・云わば・謂わば) : 말하자면. 이를테면. 비유하건대.

- いわばわたしが主人格だね。
  이를테면 내가 주인 격이지.
- 単語は理解できたけど、まあいわば質問の意味が分からなかったんだ。
  그 단어들은 이해했지만, 말하자면 질문은 이해하지 못했다.
- 病原のマラリア原虫が、いわば変装の達人で、ワクチン開発を難しくしていた。
  병원균인 말라리아 원충이, 말하자면 변장의 명수로서, 백신 개발을 어렵게 하고 있었다.

11. おいそれと : 바로. 그렇게 간단히. 쉽사리.

- おいそれと引き受けられない。
  그렇게 쉽게 떠맡을 수는 없다.
- おいそれと出せる金額ではない。
  그렇게 간단히 내놓을 수 있는 금액이 아니다.
- 相手が相手だけにおいそれとは応じてくれまい。
  상대가 상대니 만큼 쉽사리 응하지는 않을 걸세.
- おどかしに乗っておいそれと気がくじけるような相手じゃない。
  겁준다고 호락호락 꺾일 사람이 아니다.

12. およそ(凡そ) : 대개. 대강. 개략. 대충. 대체로. 약. 정도.
〔동의어〕おおよそ・あらまし・だいたい

- およそ18万tの食糧支援が必要である。　　　약 18만 톤에 이르는 구호 식품이 필요하다.
- およそ使い道がない男だ。　　　　　　　　도무지 쓸모가 없는 사내다.
- 城郭の周縁およそ10キロ。　　　　　　　　성곽의 둘레 약 10km.
- ここからおよそ半日の行程だ。　　　　　　여기서 대략 반나절의 거리이다.
- 鉄鋼生産量がおよそ2倍になった。　　　　　철강 생산량이 대략 두 배로 뛰었다.
- 住むのに適した家はおよそ7万ドルで買える。　살기에 적당한 집은 약 7만 달러에 살 수 있다.
- およそ人間たるものに許されまじき行為。　　무릇 인간이라면 용서받기 어려운 행위.

13. **かえって(反って・却って)** : 오히려. 도리어. 반대로.

- 親切がかえって仇になる。　　　　　　　친절이 도리어 해가 되다.
- 欲張るとかえって損をする。　　　　　　욕심 부리면 도리어 손해를 본다.
- 彼女の好意がかえって重荷になる。　　　그녀의 호의가 오히려 부담이 된다.

14. **〜がち** : '그런 일이 많음' '그런 경향이 많음'의 뜻을 나타냄.

- 遅れがちの時計。　　　　　　　　　　　곧잘 늦어지는 시계.
- 病気がちの人。　　　　　　　　　　　　병이 잦은 사람.
- 曇りがち。　　　　　　　　　　　　　　주로 흐림.

15. **かならずしも(必ずしも)** :《否定의 말이 따르며》반드시(꼭) …라고는 (할 수 없다).
　　　　　　　　　　　　　　　　　　　　　반드시 …인 것은(아니다).

- かならずしもそうだとは言い切れない。　　꼭 그렇다고는 단언할 수 없다.
- かならずしも成功するとは限らない。　　　반드시 성공한다고는 할 수 없다.
- 目的は必ずしも手段を正当化しない。　　　목적은 반드시 수단을 정당화하지는 않는다.
- ベストセラーと言っても必ずしも良書ではない。　베스트셀러라고 해서 반드시 양서인 것은 아니다.

16. **〜さえ**

① 〈「〜も」의 꼴로도 씀. 흔히, 否定語가 따름〉…조차(도). …마저(도).

- 自分の名前さえ書けない。　　　　　　　제 이름조차 못 쓴다.
- 忙しくて寝る時間さえない。　　　　　　바빠서 잘 시간마저 없다.
- 子供にさえ分かる。　　　　　　　　　　아이들조차도 알 수 있다.

② 〈「〜 …ば」의 꼴로 조건이 충족됨을 나타냄〉…만. …면.

- 金さえあれば何だって出来る。　　　　　돈만 있으면 무엇이든 할 수 있다.
- これさえあればいい。　　　　　　　　　이것만 있으면 된다.
- ひまさえあれば絵をかいている。　　　　틈만 있으면 그림을 그리고 있다.
- 行きさえすればよい。　　　　　　　　　가기만 하면 된다.

③ 〈첨가하는 뜻을 나타냄〉 그 위에 …까지(도). 게다가 …마저(도).

- 雨ばかりか風さえ吹き出した。   비뿐만 아니라 바람까지 불기 시작했다.
- 父ばかりでなく、母にさえ死なれた子供。   아버지뿐만 아니라 어머니마저 여읜 아이.

17. さらに

① 정도가 심해짐을 나타냄. 더 한층. 보다 더. 더욱더.

- さらに速く走る。   더욱 더 빨리 달리다.
- これからはさらに難しくなる。   앞으로는 한층 더 어려워진다.
- 風はさらに強くなってきた。   바람은 더욱더 강해졌다.

② 한 번 더 반복하거나 새로 추가함을 나타냄. 거듭. 다시금. 새로이. 또 한 번.
〔동의어〕重ねて

- さらに説明します。   다시 한 번 설명하겠습니다.
- さらに交渉するつもりです。   다시금 교섭할 생각입니다.
- さらにお願いする。   재차 부탁하다.
- さらに申しこまないといけない。   다시 신청하지 않으면 안 된다.

③ 〈뒤에 否定語가 따르며〉 조금도. 전혀. 도무지. 두 번 다시.

- 人の忠告に耳を貸す風はさらにない。   남의 충고에 귀를 기울이는 티라곤 전혀 없다.
- 気にする様子はさらにない。   걱정하는 기색은 추호도 없다.
- さらにない絶好のチャンス。   다시없는 절호의 기회.

18. しかも(然も・而も)

① 그 위에. 게다가. 그러고도.

- 安くて、しかも栄養のある食べ物。   값싸고 게다가 영양분이 많은 음식.
- 気立てが良く、しかも器量が良い。   마음씨가 고운데다가 또 용모마저 예쁘다.

② 그런데도. 그럼에도 불구하고.

- 注意を受けて、しかも改めない。   주의를 받았는데도 고치지 않는다.
- しかられて、しかも反省しない。   꾸중을 들었음에도 불구하고 반성하지 않는다.

19. ~すぎる(過ぎる) : 지나치다.

・言いすぎる。	말이 지나치다.
・食いすぎる。	너무 먹다. 과식하다.
・美しすぎる。	지나치게 아름답다.
・働きすぎて病気になる。	과로로 병이 나다.
・あまりにも学問がなさすぎる。	배움이 너무 부족하다.
・贅沢すぎるくらい金をかける。	너무 사치할 정도로 돈을 들이다.

20. せっかく(折角)

[명사] 모처럼. 애써 함.

・せっかくの機会だったのに。	모처럼의 기회였는데.
・せっかくの申し出を断る。	모처럼의 제의를 거절하다.
・せっかくの努力が水の泡となる。	모처럼의 노력이 수포로 돌아가다.

[부사] 일부러. 모처럼. 일껏. 〔동의어〕わざわざ

・せっかくお尋ねくださったのに。	일부러 찾아 주셨는데.
・せっかくのお勧めだからやってみましょう。	모처럼 권하는 일이니 해 보지요.
・せっかくだがお断りだ。	모처럼이지만 사절하겠다.

21. せめて : 최소한. 하다못해. 적으나마. 적어도. 그나마.

・せめてパリだけでも見たい。	하다못해 파리만이라도 보고 싶다.
・それをせめての腹いせにする。	그것을 최소한의 화풀이로 삼고 넘기다.
・せめて十歳若ければなあ。	적어도 10살만 어리면 좋을 텐데.
・せめて一万円なら売るけれど。	최소한 만 엔이라면 팔겠는데.

22. たとえ : 어떤 조건을 가정하고, 그 조건 아래에서도 결과가 변하지 않음을 나타냄.
가령 …할지라도. 설령 …그럴지라도. 비록 …하여도. 〔동의어〕たとい・かりに

・たとえそれが本当だとしてもやはり君が悪い。
　가령 그것이 정말이라고 하더라도 역시 자네가 나쁘다.
・たとえ除名されようが正しい事は言う。
　설사 제명당하더라도 바른 말은 하겠다.

- たとえわが身がどうなろうとも、約束は守る。
  비록 내가 어떻게 된다 하더라도 약속은 지키겠다.

23. ため

[명사] 이익이나 득이 되는 일.

- 初心者のための英語の本。　　　　　　　초보자를 위한 영어책.
- 行った方がためになります。　　　　　　가는 것이 유리합니다.
- これは君のためを思って言っているのです。　이것은 그대의 편익을 생각해서 하는 말입니다.

[형식명사]

① 〈動詞의 連体形, 또는 体言+助詞「の」「が」에 붙어〉 목적을 나타냄. …을 위해서.

- 生きるために戦う。　　　　　　　　　　살기 위해서 싸우다.
- 老後のために貯金する。　　　　　　　　노후를 위해서 저축하다.
- 目的のためには手段を選ばない。　　　　목적을 위해서는 수단을 가리지 않는다.

② 〈体言+助詞「の」「が」에 붙어〉 그 자신의 입장으로 보아 다음에 말하는 관계임을 나타냄. …에게는. …에게도.

- わがためには命の親。
  나에게는 생명의 은인이 되는 분.
- 雪はお前の子かも知れないがおらのためにも娘だ。
  유키(雪)는 너의 자식일지는 몰라도 나에게도 딸이다.

③ 〈体言+助詞「の」「が」나 用言의 連体形에 붙어〉 원인이나 이유임을 나타냄. …때문에.

- 怠けたために落第した。　　　　　　　　태만하였기 때문에 낙제했다.
- 彼は病気のために辞職した。　　　　　　그는 병 때문에 사직했다
- 電車事故のために遅刻した。　　　　　　전차 사고 때문에 지각했다.

24. つい

① (시간적·거리적으로) 조금. 바로.

- ついさっき到着しました。　　　　　　　방금 전 도착했습니다.
- つい目の前を通っていく。　　　　　　　바로 눈앞을 지나가다.

② 무심코. 그만. 어느덧. 〔동의어〕うっかり・思もわず

- 客の名前をつい忘れた。　　　　　　　　손님의 이름을 그만 잊어버렸다.
- つい軽率なことを口走しって悪かったよ。　무심코 경솔한 말을 입 밖에 내서 미안하네.
- つい笑い出してしまった。　　　　　　　그만 웃음을 터뜨렸다.
- ついどなってしまう。　　　　　　　　　무심코 고함을 질러 버리다.
- つい時間がたつのを忘れてしまった。　　그만 시간이 지나간 것을 잊어 버렸다.

③ (무엇인가를) 하려다 지나쳐 버리다. 그만. 그냥.

- つい手が出なかった。　　　　　　　　　그냥 손이 가지 않았다.
- つい忘れていた。　　　　　　　　　　　그만 잊어버리고 있었다.

25. ついに(終に・遂に・竟に)

① 마침내. 드디어. 결국. 〔동의어〕とうとう

- ついに成功した。　　　　　　　　　　　마침내 성공했다.
- ついに完成をみた。　　　　　　　　　　드디어 완성을 보았다.
- 彼はついに結婚した。　　　　　　　　　그는 마침내 결혼했다.

② 〈흔히, 否定의 말이 붙어〉 끝끝내. 끝까지. 종내. 아직. 한 번도. 〔동의어〕いまだかつて

- ついに現れなかった。　　　　　　　　　끝끝내 나타나지 않았다.
- ついに見たことがない。　　　　　　　　(여태까지) 한 번도 본 적이 없다.
- ついに祖国の土を踏むことはなかった。　종내 조국의 땅을 밟는 일은 없었다.
　　　　　　　　　　　　　　　　　　　　[조국에 돌아오지 않았다.]

26. つまり : 결국. 즉. 요컨대.

- つまりどうすればいいのか。　　　　　　결국 어떻게 하면 좋은가.
- それは神、つまり絶対者だ。　　　　　　그것은 신, 즉 절대자다.
- つまりなにが問題なのですか。　　　　　정확히 뭐가 문제입니까.
- 死、つまりは自分の死が怖いのです。　　죽음, 요컨대 내 자신의 죽음이 두려운 것입니다.
- ええと、つまり私が言いたいのは～。　　저, 그러니까 제가 하고 싶은 말은요~.

27. つもり

① (미리 품고 있는) 생각. 작정. 의도.

・ぜひとも成功させるつもりだ。	무슨 일이 있어도 성공 시킬 작정이다.
・そんなつもりではなかった。	그럴 생각은 아니었다.
・このまま帰るつもりか。	이대로 돌아갈 생각이냐.
・彼に会うつもりはない。	그를 만날 생각은 없다.

② (실제로는 그렇지 않으나) 그렇게 된 것으로 가정하는 마음. …한 셈.

・死んだつもりで働く。	죽은 셈치고 일하다.
・映画を見たつもりで貯金する。	영화를 본 셈치고 저금하다.

③ 속셈. 예상. 〔동의어〕みつもり(見積)

・ぼくのつもりが外れた。	내 예상이 어긋났다.
・十日のつもりが一ヶ月かかった。	열흘을 예상했는데 한 달 걸렸다.

〔참고〕①~③은「心算」으로도 씀. 또 ①②는 최근 대개 가나로 씀.

④ 〈「お~」의 꼴로〉 술좌석에서의 마지막 잔.

・これでおつもりにしよう。	이 한 잔을 마지막으로 하세.

28. ～どころか : 커녕.

・本どころか米も買えない生活だ。	책은커녕 쌀도 살 수 없는 생활이다.
・歩くどころか立つことすらできない。	걷기는커녕 설 수조차 없다.
・彼は喜ぶどころか逆に怒り出した。	그는 기뻐하기는커녕 도리어 화를 내기 시작했다.
・その話はありがたいどころか迷惑だ。	그 이야기는 고맙기는커녕 오히려 성가시다.

29. ともかく(兎も角) : 어찌 되었든 간에. 어떻든 간에. 좌우지간. 하여간. 하여튼.

・ともかく行こう。	하여튼 가자.
・ともかくやってみよう。	하여간 해 보자.
・ともかくも無事でよかった。	어찌 되었든 간에 무사해서 다행이다.
・冗談はともかく早く片づけよう。	농담은 그만두고 빨리 해치우자.
・理由はともかくとして責任だけは免れない。	이유는 어떻든 간에 책임만은 피할 수 없다.

- 本人はともかく、取り巻く側近たちがいけない。
  본인은 어쨌든, 에워싸고 있는 측근들이 나쁘다.
- 他のことはともかく私は死ぬほどお腹が空いていた。
  다른 무엇보다도 나는 너무나 배가 고팠다.

30. とりわけ : 특히. 유난히. 유별나게. 그중에서도. 〔동의어〕ことに

- 進行状況はとりわけがっかりするものだった。
  경과가 유난히 실망스러웠다.
- 彼女は機転が利(き)くし、とりわけ頭の切れる人だった。
  그녀는 두뇌 회전이 빨랐고 놀라울 정도로 기민한 머리를 가지고 있었다.
- レバーと腎臓はとりわけビタミンAが豊富である。
  간과 신장은 특히 비타민 에이(A)가 풍부하다.
- 離婚はより重要な問題、とりわけ子供の将来が決まった時に成立するだろう。
  이혼은 보다 중요한 문제, 특히 아이들의 장래가 결정된 이후에 성립될 것이다.
- 私たちがどうせ結婚するのなら、とりわけすごい結婚式を挙げよう。
  우리가 이왕에 결혼을 한다면 그야말로 굉장한 결혼식을 올리자.

31. なお(猶・尚)

① 역시. 여전히. 아직. 〔동의어〕やはり・まだ

- 春なお浅い三月。　　　　　　　　　　봄이 아직 이른 3월.
- なお三日の余裕がある。　　　　　　　아직 3일의 여유가 있다.
- 今もなおご健在です。　　　　　　　　지금도 여전히 건재하십니다.
- なお悔い改めないなら罰っする。　　　아직도 회개하지 않으면 벌주겠다.

② 더욱. 한층. 오히려. 〔동의어〕いっそう・更さらに

- なお努力せよ。　　　　　　　　　　　더욱 노력하라.
- 知ってやったのならなお悪い。　　　　알고 했다면 더욱 나쁘다.
- 薬を飲んだらなお悪化した。　　　　　약을 먹었더니 오히려 악화되었다.

③ 『문어』〈「～…ごとし」의 꼴로〉마치 …와 같다.

- 死んでなお生けるがごとし。　　　　　죽었어도 마치 살아 있는 것과 같다.
- 過ぎたるはなお及ばざるがごとし。　　정도가 지나침은 마치 미치지 못함과 같다.

④ 〈「～のこと」의 꼴로〉「なお」를 강조함. 더더욱. 더한층.
- それならなおのこと好都合だ。　　　　그렇다면 더더욱 유리하다.

[접속사] 덧붙여 (말하면). 또한. 〔참고〕 흔히, 「尚」로 씀.
- なお申し添えますと、　　　　　　　　덧붙여 말씀드리면
- なお、詳細はのちほどご連絡いたします。　또한, 상세한 점은 나중에 연락드리겠습니다.

32. なおす(直す) : 다시 하다. 고쳐 하다.
- ラジオの修理をしなおす。　　　　　　라디오의 수리를 다시 하다.
- 始めからやりなおす。　　　　　　　　처음부터 다시 하다.
- お化粧をしなおした。　　　　　　　　화장을 고쳐 했다.

33. ～ながら

① …그대로. …채로.
- 昔しながらの習慣。　　　　　　　　　옛날 그대로의 습관.
- 生れながらの音楽家。　　　　　　　　타고난 음악가.
- 居ながらにしてわかる。　　　　　　　가만히 있어도 알 수 있다.
- いつもながらの格好だ。　　　　　　　평소대로의 모습이다.

② 〈수량을 나타내는 말에 붙어〉 그대로 전부. 모두 다.
- 3人が3人ながら合格した。　　　　　　세 사람 모두 다 합격했다.
- 二つながら成功した。　　　　　　　　두 가지 다 성공했다.

③ 두 가지 또는 세 가지 이상의 동작이 병행·계속되고 있음을 나타냄. …면서.
- 歩きながら本を読む。　　　　　　　　걸으면서 책을 읽다.
- 山路を登りながらこう考えた。　　　　산길을 오르면서 이렇게 생각했다.
- 殴られながらも立ち上がる。　　　　　얻어맞으면서도 다시 일어서다.
- 新聞を読みながらご飯を食べる。　　　신문을 보면서 밥을 먹다.

④ 한정 또는 전제를 나타냄. …나마. …인데.
- おそまつながら。　　　　　　　　　　변변치 못하나마.
- 幾分ながら同情に値する。　　　　　　다소나마 동정할 만하다.

⑤ 내용이 모순되는 두 사항을 연결하는 뜻을 나타냄. …면서도. …지만. …데도.

・知っていながら教えてくれない。	알고 있으면서도 가르쳐 주지 않다.
・悪口を言われながら少しも怒らない。	욕을 먹으면서도 조금도 화내지 않다.
・行きたいながら遠慮する。	가고 싶지만 사양하다.
・小さいながらよく働く。	어리지만 일을 잘하다.

34. なにしろ(何しろ) : 여하튼. 어쨌든. 아무튼. 〔동의어〕 なにせ・ともかく

・なにしろおもしろい。	아무튼 재미있다.
・なにしろ行ってみることだ。	어쨌든 가 볼 일이다.
・なにしろこの辺は田舎ですからね。	좌우간 이 일대는 시골이니까요.
・なにしろあの始末だから困ります。	여하튼 저 지경이니까 곤란합니다.

35. なるべく : 되도록. 될 수 있는 대로. 가급적. 가능한 한.
〔동의어〕 出来るだけ・なるたけ

- なるべく早くして上げなさい。
  될 수 있는 대로 빨리 해 드려요.
- なるべくならその方がいい。
  가능하다면 그 편[그것]이 좋다.
- なるべく大勢の中から候補者を選ぶべきだ。
  될 수 있는 대로 많은 사람들 중에서 후보자를 골라야 한다.
- 強いては反対せずに、なるべく彼の思い通りにさせた。
  구태여 반대는 하지 않고 되도록 그의 생각대로 하게 했다.

36. 〜にくい(悪い・難い) : 《動詞의 連用形에 붙어 形容詞를 만듦》 …하기 어렵다. 좀처럼 …할 수 없다. …하기 거북하다.

・読みにくい本。	읽기 어려운 책.
・話しにくい。	말하기 거북하다.
・意味が分りにくい。	의미를 알기 어렵다.
・制御しにくい欲望。	제어하기 힘든 욕망.

37. ～にもかかわらず(にも拘らず) : 인데도 불구하고. 그런데도. 그럼에도 불구하고.
〔동의어〕それなのに

- 大きな危険にもかかわらず私は生き延びた。
  엄청난 위험에도 불구하고, 나는 목숨을 부지해 왔다.
- 彼は経験不足だったにもかかわらず採用された。
  그는 경험이 부족함에도 채용되었다.
- まだ長い道のりだった。それにもかかわらず、いくらかの進歩はあった。
  아직도 갈 길이 많이 남아 있었다. 그렇지만 약간의 진전은 있었다.
- 何度も注意した。にもかかわらず彼は聞かないで失敗した。
  몇 번이고 주의를 주었다. 그런데도 그는 듣지 않고 실패했다.

38. ～のに

[접속조사]

① 일반적인 예상과는 반대 되는 사항이 일어남을 나타냄. …하는데도. …함에도 불구하고.

- 熱があるのに外出する。　　　　　　　열이 있는데도 외출하다.
- 上手なのにやらない。　　　　　　　　능숙한데도 하지 않는다.
- けんめいに走ったのにまにあわなかった。　열심히 뛰었는데도 시간에 대지 못했다.

② 불만・원망・비난 등의 심정을 나타냄. …인데. …텐데. …련만.

- ようやく生活が楽になってきたのに。　　겨우 생활에 여유가 생기기 시작했는데.
- あれほど注意しておいたのに。　　　　그만큼 주의시켰는데.
- よせばいいのに。　　　　　　　　　　그만두면 좋으련만.

[연어]

① …을 하기 위해. …을 하는 데.

- 旅行するのに必要なもの。　　　　　　여행하는 데 필요한 물건.

② …의 것으로.

- 君のにしよう。　　　　　　　　　　　네 것으로 하자.

③ …것에.

- 僕のに合わせる。　　　　　　　　　　내 것에 맞추다. 내 것에 합치다.
- 長いのにはおどろいた。　　　　　　　긴 것에는 놀랐다.

39. のみならず

[연어] (뿐)만 아니라. 〔동의어〕ばかりではなく・だけでなく

- 俳優としてのみならず演出家としても有名である。
  배우로서 뿐 아니라 연출가로서도 유명하다.

[접속사] 뿐만 아니라. 〔동의어〕そればかりでなく

- 先生は学者として聞こえている。のみならず作家としても一流だ。
  선생님은 학자로서 유명하다. 뿐만 아니라, 작가로서도 일류이다.

40. ～ばかり

① 〈수량을 나타내는 말에 붙어〉 가량. 정도. 쯤.

- 10人ばかりの客。　　　　　　　　열 명 정도의 손님.
- 長さ2尺ばかりの板。　　　　　　길이 두 자쯤 되는 판자.

② 〈시간을 나타내는 말에 붙어〉 가량. 쯤.

- 2時間ばかり休んだ。　　　　　　두 시간쯤 쉬었다.
- 完成まで一月ばかりかかる。　　　완성까지 한 달 가량 걸린다.
- 10分ばかり待ってくれないか。　　10분 정도 기다려 주지 않겠나.

③ 어떤 동작이 금방이라도 실행될 단계에 있음을 나타냄. …할 듯한. …할 것만 같은.

- 泣き出さんばかりの顔。　　　　　곧 울음을 터뜨릴 듯한 얼굴.
- 殴らんばかりの勢い。　　　　　　당장 때릴 것 같은 기세.

④ 동작이 끝난 지 얼마 되지 않았음을 나타냄. …한 지 얼마 안 되는.

- 買ったばかりの本をなくした。　　산지 얼마 안 된 책을 잃어버렸다.
- 建てたばかりの家。　　　　　　　지은 지 얼마 안 된 집.

⑤ '그런 생각으로' '그런 기세로'의 뜻을 나타냄. …한 탓으로.

- 今だとばかりに攻める。　　　　　지금이 기회라는 듯이 공격하다.
- 負けじとばかりに走った。　　　　질세라 하고 달렸다.

⑥ '오직 그 원인·이유만으로'의 뜻을 나타냄. …한 탓으로.

- 油断したばかりに失敗した。　　　방심한 탓에 실패했다.
- 信じたばかりにひどい目にあった。믿은 탓에 혼이 났다.

⑦ 범위를 한정하는 뜻을 나타냄. …만. …뿐. 〔참고〕「許り」로도 씀.

- 甘いものばかり食べた。　　　　　　　단것만을 먹었다.
- 泣いてばかりいないで。　　　　　　　울고만 있지 말고.
- 見えるのは山ばかりだ。　　　　　　　보이는 것은 산뿐이다.
- 漫画ばかり読んでいる。　　　　　　　만화만 읽고 있다.
- こればかりは勘弁してくれ。　　　　　이것만은 용서해 주게.

41. はず

① 당연히 그렇게 되어야 함을 나타냄. …할 터. …일 것.

- それでよいはずだ。　　　　　　　　　그것이면 좋을 터이다.
- 彼はもう着いているはずだ。　　　　　그는 당연히 도착했을 것이다.
- 月夜だから外は相当に明いはずだ。　　달밤이니까 밖은 상당히 밝을 것이다.

② 그럴 예정임을 나타냄. …할 예정. …할 것.

- もうすぐ来るはずだ。　　　　　　　　이제 곧 올 것이다.
- 事業はうまく行くはずだ。　　　　　　사업은 잘될 것이다.
- 委員会は土曜日に開かれるはずだ。　　위원회는 토요일에 열릴 예정이다.

③ 과거에 있었던 일을 확인하는 뜻을 나타냄. 분명히 …했을 터.

- そう言っておいたはずだ。　　　　　　분명히 그렇게 말해 두었을 것이다.
- 前もって注意をしたはずだ。　　　　　분명히 미리 주의해 두었을 터이다.

④ …리 없다.

- そんなはずはない。　　　　　　　　　그럴 리가 없다.
- 彼がそんなことをするはずがない。　　그가 그런 일을 할 리가 없다.
- 夏に雪が降るはずがない。　　　　　　여름에 눈이 내릴 리가 없다.

42. はたして(果たして)

① 〈확정하는 말이 따르며〉 생각했던 대로. 역시. 과연.

- はたして結果はだめだった。
  역시 결과는 실패였다.
- 怪しい話だと思っていたが、はたしてうそだった。
  수상한 이야기라고 생각했는데, 역시 거짓말이었다.

부록 **209**

② 〈疑問・仮定하는 말이 따르며〉 진실로. 정말로. 과연. 도대체.

- はたして君の言う通りなら。 정말로 자네가 말한 대로라면.
- はたしてそうだろうか。 과연 그럴까.
- はたしてどれが真実か。 도대체 어느 것이 진실인가.

43. ～べき

① (응당 그렇게) …해야 할[될].

- 守るべき規則を無視するとは何事だ。 지켜야 할 규칙을 무시하다니 웬일이냐.
- 悪いと思ったらすぐあやまるべきだ。 잘못했다고 생각되면 당장 사과해야 한다.

② …하는 것이 적절한. …이 온당한.

- ぼくならこっちを買うべきだと思う。 나라면 이쪽 것을 사는 것이 맞다고 생각하네.
- これは子供がみるべき番組じゃない。 이것은 어린이가 보기에 적절한 프로가 아니다.

44. ほぼ : 거의. 대강. 대략. 〔동의어〕おおかた(大方)

- ほぼ似た話だ。 거의 비슷한 이야기다.
- 準備はほぼできあがった。 준비는 대강 다 되었다.
- 仕事はほぼ片づいた。 일은 대략 정리되었다.

45. まして

① 하물며. 더구나. 〔동의어〕なおさら(尚更)

- この仕事は一週間でもむりなのに、まして三日では。
  이 일은 1주일 갖고도 무리인데 하물며 사흘 갖고는.
- もともと秋は寂しいものだが、ましてこんな夜はひとしおだ。
  본디 가을은 쓸쓸한 법인데, 더구나 이런 밤에는 더욱 그렇다.

② 한층 더. 더욱더.

- これもできないのに、ましてそれは難しい。 이것도 못하는데 그것은 더 어렵다.

46. ～まで

[부조사]

① 동작이나 사항이 미치는 시간적·공간적인 한도·범위·도달점을 나타냄. 까지.

- 明日まで提出せよ。 　　내일까지 제출하라.
- これまでの生活が嫌になった。 　　지금까지의 생활이 싫어졌다.
- 学校までおいで下さい。 　　학교까지 와 주십시오.

② 동작이나 사항이 미치는 정도를 나타냄. 까지.

- そんなにまで僕のことを思ってくれるのか。 　　그렇게까지 나를 생각해 준단 말인가.
- それほどまでにしなくてもいいと思う。 　　그렇게까지는 하지 않아도 된다고 생각한다.

③ 극단적인 예를 들어, 다른 경우를 짐작하게 하는 뜻을 나타냄. …에게까지[조차]도.
〔동의어〕さえ(も)

- 夢にまで見る。 　　꿈에서까지 보다.
- 子供にまでも馬鹿にされる。 　　아이에게까지도 바보 취급을 당하다.
- 家の中の水まで凍った。 　　집안의 물까지 얼었다.

④ …할 필요는 없다. …할 것까지는 없다.

- わざわざ行くまでもない。 　　일부러 갈 필요까지는 없다.
- 言うまでもない。 　　말할 필요도 없다.
- 調べるまでもない。 　　조사할 것까지는 없다.

⑤ 〈주로 바람직하지 못한 상태의 표현을 동반한「～も」의 꼴로〉…하더라도. …할지언정.

- 失敗するまでも、やはりやってみるべきだ。 　　실패하더라도 역시 해보아야 할 것이다.
- 成功とは言えないまでも、失敗ではない。 　　성공이라고는 할 수 없을지언정 실패는 아니다.

⑥ 동작이나 사항이 그 이상 미치지 않음을 나타냄. 만. 뿐. 따름. 〔동의어〕だけ

- いやなら止めるまでだ。 　　싫다면 그만 둘 뿐이다.
- 念のために尋ねてみたまでのことだ。 　　확인[다짐]하기 위해서 물어 보았을 따름이다.

[종(終)조사]

① 終止形에 이어져 강조·감동·확인의 뜻을 나타냄.

- 証拠が見たいまで。 　　증거가 보고 싶어.
- すれば、そなたは、越前のお百姓じゃまで。 　　그럼 너는 越前의 농사꾼이로구나.
- とりあえずお礼まで。 　　우선 감사 말씀드립니다.

47. まま : 어떤 동작이나 상태가 유지된 상황에서 다른 동작이 이루어지는 뜻을 나타냄. …한 채[대로].

- 出掛けたまま戻らない。　　　　　　　　나간 채 돌아오지 않는다.
- 帽子はかぶったままでよい。　　　　　　모자는 쓴 채로 좋다.

48. ~むき

[명사]

① 방향.

- 南むきの部屋。　　　　　　　　　　　　남향 방.
- 座席のむきを変える。　　　　　　　　　좌석의 방향을 바꾸다.
- 風むきが変わる。　　　　　　　　　　　바람의 방향이 바뀌다.

② (특히 한정된) 방면.

- 表むきの口実。　　　　　　　　　　　　표면상의 구실.

③ 어떤 경향·관심·사항·성질 등을 가지고 있음. 또는 그 사람.

- ご用のむきによっては。　　　　　　　　용건의 내용에 따라서는
- 理想主義に走るむきがある。　　　　　　이상주의로 치닫는 경향이 있다.
- ご用のむきは受付へおいで下さい。　　　용무가 있으신 분은 접수창구로 와 주십시오.

④ 〈接尾語적으로도 씀〉 적합함. 알맞음. 적격.

- 万人むきの品。　　　　　　　　　　　　만인에게 두루 적합한 물건.
- 子供むきの映画。　　　　　　　　　　　어린이에게 적합한 영화.
- この商売にはむき不むきがある。
  이 장사에는 맞는 사람과 맞지 않는 사람이 있다.

[명사・형용동사]　사소한 일에도 정색을 하고 대듦[화냄].

- むきなところがある。
  (사소한 일에도) 정색을 하고 대하는 경향이 있다.
- むきになって反対する。　　　　　　　　정색하고 반대하다.
- 冗談をむきになって怒る。　　　　　　　농담을 곧이듣고 화내다.

[명사] 관계 당국.

- そのむきに届ける。 　　　　　　　　　　　관계 당국에 신고하다.

49. むしろ(寧ろ) : 오히려. 차라리.

- それならむしろやめたい。 　　　　　　　　그렇다면 차라리 그만두고 싶다.
- 議論と言うよりはむしろ喧嘩だ。 　　　　　논쟁이라기 보다는 오히려 싸움이다.
- 辱めを受けるよりはむしろ死ぬべきだ。 　　모욕을 당하는 것보다는 차라리 죽는 것이 낫다.
- 名よりもむしろ実を選ぶ。 　　　　　　　　명분보다 차라리 실리를 택하다.

50. もし : 만약(에). 만일(에). 혹시. 〔동의어〕まんいち(万一)・かりに

- もし雨が降れば中止する。 　　　　　　　　만약 비가 오면 중지한다.
- もし発見が遅れたら助からないだろう。 　　만일 발견이 늦어지면 살아나지 못할 것이다.
- もし彼が来なければどうしますか。 　　　　만일 그가 오지 않으면 어떻게 하겠습니까.
- もし水がなかったら、生きていけない。 　　만약에 물이 없다면 살아갈 수 없다.

51. もちろん(勿論) : 물론. 말할 것도 없이. 〔동의어〕むろん(無論)

- もちろん行くよ。 　　　　　　　　　　　　물론 가지.
- 勝利はもちろん我がものだ。 　　　　　　　승리는 말할 것도 없이 우리 것이다.
- 英語はもちろんのことドイツ語もできる。 　영어는 물론이고 독일어도 할 수 있다.

52. やがて

① 이윽고. 머지않아. 얼마 안 있어.

- やがて時計が12時を打った。 　　　　　　　이윽고 시계가 12시를 쳤다.
- 日が沈み、やがて月が出て来た。 　　　　　해가 지고 얼마 안 있어 달이 떴다.

② 이럭저럭. 대충.

- やがて三年にもなろうか。 　　　　　　　　이럭저럭 3년이나 될까.
- 彼が行ってからやがて一年になる。 　　　　그가 떠난지 이럭저럭 1년이 된다.

③『문어』즉. 곧. 결국은.

- やがては彼も分かる時があるだろう。　　결국은 그도 알게 될 때가 있을 것이다.

④『문어』이어. 바로. 당장에. (예스러운 말)

- 山の仕事をしてやがてたべる弁当。　　산일을 하고 바로 먹는 도시락.

53. やっと : 겨우. 근근이. 가까스로. 간신히.　〔동의어〕ようやく・かろうじて

- やっと試験に合格する。　　간신히 시험에 합격하다.
- やっと追手をまく。　　겨우 추적자를 따돌리다.
- やっと暮している。　　근근이 살고 있다.
- やっと出来上った。　　겨우 완성되었다.
- 終電にやっと間に合った。　　마지막 전차 시간에 겨우 대었다.
- やっと問題が解けた。　　겨우 문제가 풀렸다.

[복합어]

やっとのことで [の事で] : 겨우. 가까스로. 어렵사리. (『やっと』를 약간 강조한 표현)
　　　　　　　　〔동의어〕ようやくのことで

- やっとのことで彼を説き伏せた。　　겨우[가까스로] 그를 설득했다.
- やっとのことで峠までたどり着いた。　　어렵사리 고개마루까지 당도했다.

54. やすい(やすい)

[형용사] 쉽다. 용이하다. 간단하다.　【문어형】やす・し {ク 활용}

- 他人を責めるのはやすいことだ。　　남을 책망하기는 쉬운 일이다.
- おやすいご用だ。　　쉬운 일이다.
- 言うはやすく行うは難し。　　말하기는 쉽지만 행하기는 어렵다.

[접미어]《動詞의 連用形에 붙어 形容詞를 만듦》…하기 쉽다.

- 書きやすい筆。　　쓰기 좋은 붓.
- 飲みやすい薬。　　먹기 쉬운 약.
- 汚れやすい。　　더러워지기 쉽다.
- 読みやすい。　　읽기 쉽다.
- 間違いやすい。　　틀리기 쉽다.

55. やはり(矢張り) : 역시. 결국. 다른 것과 같이. 마찬가지로. 예상대로.
〔동의어〕やっぱり・やっぱし

・彼もやはり冒険家だ。	그도 역시 모험가다.
・父もやはりにんじんが嫌いです。	아버지도 마찬가지로 당근을 싫어합니다.
・お金があってもやはり死ぬときは死ぬ。	돈이 있어도 역시 죽을 때는 죽는다.
・やはり想像したとおりだった。	역시 상상했던 대로였다.

[관용구]

やはり野に置け蓮華草(れんげそう)。
자운영과 같은 들꽃은 들에 피어 있기 때문에 아름다운 것이고, 꺾어 가지고 와서 감상하는 것이 아니다. 모든 것은 그것에 어울리는 환경에 두는 것이 좋다는 비유.

56. やや : 얼마간. 약간. 다소. 조금. 〔동의어〕いくらか

・やや良好。	약간 양호함.
・やや寒い。	좀 춥다.
・やや失望した様子だった。	다소 실망한 모양이었다.
・やや太りぎみだ。	약간 뚱뚱한 편이다.
・こちらの本がやや厚い。	이쪽의 책이 조금 두껍다.

57. やる(遣る)
[5단 활용 타동사]

① 나아가게 하다. 몰다.

・馬をやる。	말을 몰다.
・船をやる。	배를 젓다.
・東京駅までやってくれ。	(택시 등을) 東京역까지 가 주게.

② 보내다.

・使いをやる。	심부름을 보내다.
・子供を大学へやる。	자식을 대학에 보내다.
・医者を呼びにやる。	의사를 부르러 보내다.
・末娘を嫁にやる。	막내딸을 시집보내다.

③ 옮기다. 치우다.

- おい、僕の本をどこへやった。　　　　어이, 내 책을 어디다 치웠지.

④ 향하다. 돌리다.

- 目をやる。　　　　　　　　　　　　　눈길을 보내다.
- 彼の方に顔をやった。　　　　　　　　그에게로 얼굴을 돌렸다.

⑤ (기분 등을) 풀다.

- 切ない心をやる。　　　　　　　　　　안타까운 심정을 풀다.
- 憂いをやる。　　　　　　　　　　　　근심을 풀다.

⑥ 주다.

- 金をやる。　　　　　　　　　　　　　돈을 주다.
- 花に水をやる。　　　　　　　　　　　꽃에 물을 주다.
- 魚にえさをやる。　　　　　　　　　　물고기에게 먹이를 주다.
- 小遣いをやる。　　　　　　　　　　　용돈을 주다.

⑦ 하다. 행하다.

- 勉強をよくやる。　　　　　　　　　　공부를 잘 하다.
- 本屋をやる。　　　　　　　　　　　　책방을 하다[경영하다].
- 秘書をやる。　　　　　　　　　　　　비서를[비서 노릇을] 하다.
- やる気のない者は去れ。　　　　　　　할 마음이 없는 자는 떠나라.
- 一杯やる。　　　　　　　　　　　　　(술) 한잔 하다.
- 展覧会はいつやるんですか。　　　　　전람회는 언제 합니까[개최합니까].
- 酒もたばこもやりません。　　　　　　술도 담배도 하지 않습니다.
- 野球をやろう。　　　　　　　　　　　야구를 하자.

⑧ 그럭저럭 생활해 나가다.

- こんなに物価が高くてはやっていけない。
  이렇게 물가가 비싸서는 살아 나갈 수 없다.
- どうにかやって行く。　　　　　　　　그럭저럭 살아가다.
- それでやって行けるのか。　　　　　　그것으로 살아갈 수 있는가.

⑨《속어》위해(危害)를 가하다. 죽이다.

- 基地が敵にやられた。　　　　　　　　　기지가 적에게 당했다.
- あいつをやってしまえ。　　　　　　　　저 녀석을 해치워라[죽여라].
　　　　　　　　　　　　　　　　　　　　('죽이다'의 뜻으로는 「殺(や)る」로도 씀)

[접미어]《動詞의 連用形에 붙어》

① 〈흔히, 否定의 꼴로 씀〉 동작이 완료하는 뜻을 나타냄. 완전히 …하다.

- 晴れやらぬ空。
  아직도 완전히 개지 않는 하늘.
- 興奮がさめやらずにそわそわしていた。
  흥분이 완전히 가라앉지 않아 안절부절 못하고 있었다.

② 멀리까지 미치는 뜻을 나타냄. 【문어 4단 활용 동사】

- 眺めやる。　　　　　　　　　　　　　　멀리 바라보다.

[보조동사]《動詞의 連用形+「て[で]」에 붙어 주체의 어떤 영향이 다른 대상에 미치는 뜻을 나타냄》공손히 말할 때는 「やってあげる」가 됨.

① 아랫사람을 위하여 무엇인가를 해 주다.

- 教えてやる。　　　　　　　　　　　　　가르쳐 주다.
- 書いてやる。　　　　　　　　　　　　　써 주다.
- 好きなようにさせてやれ。　　　　　　　좋을 대로 해 주어라.

② 적극적으로 그렇게 해 보이겠다는 뜻을 나타냄. (여봐란 듯이) …할 테다.
【가능동사】やれる【하1단 활용 자동사】【문어 4단 활용 동사】

- 死んでやるから。
  죽어 줄 테니까.
- そんなに言うことを聞かないなら外にほうり出してやる。
  그렇게 말을 듣지 않으면 밖으로 내던져 버릴 테다.

【してやったり】(속임수 등을) 감쪽같이 해내다. 감쪽같이 속이다.

- してやったりとほくそ笑む。　　　　　　감쪽같이 속였다고 회심의 미소를 짓다.
- しめた。してやったり。　　　　　　　　됐다. 멋있게 한 방 해치웠다.
- 相手の計画どおりにうまうまとしてやられる。　상대편 계획대로 보기 좋게 한 방 먹다.

58. ～らしい

[접미어] 《名詞(때로는 副詞・形容動詞)에 붙어 形容詞를 만듦》

① …답다. …스럽다.

・学者らしい学者。	학자다운 학자.
・ばからしくてお話にならない。	어처구니가 없어서 말도 안 된다.
・男らしい態度だ。	남자다운 태도다.
・いかにも彼らしいね。	정말 그답군요.

② …인 듯한 기분이 들다.

・いやらしい。	싫다. 징그럽다.
・にくらしい。	밉살스럽다.
・わざとらしい。	고의적인 듯하다.
・主人らしい人が出て来た。	주인인 듯한 사람이 나왔다.

[조동사]

① 〈어떤 객관적인 상태・사실을 근거로 한 추량을 나타냄. 또는 근거가 될 만한 객관적인 상태・사실이 없는 경우에 단정적인 말을 피하고 완곡하게 표현함〉
…인 듯하다. …인 것 같다. …인 모양이다.

- どこかで酒を飲んで来たらしく顔が赤い。
  어디선가 술을 마시고 온 것 같이 얼굴이 붉다.
- 彼等はどうも学生らしかった。
  그들은 아무래도 학생 같았다.
- 写真で見る限りお父さんは元気らしい。
  사진으로 보는 한 아버지는 건강하신 모양이다.
- あの二人はうまくいっていないらしい。
  저 두 사람은 사이가 썩 좋지 않은 듯하다.

② 〈흔히 体言 또는 形容動詞에 붙어〉 잘 어울리는 상태, 또는 아주 비슷한 상태임을 나타냄.
…답다. …스럽다.
〔참고〕「男らしい」라도「あの人が問題の男らしい」의「らしい」는 助動詞이고,「彼はほんとうに男らしい」의「らしい」는 接尾語임.

- 士官らしい待遇。　　　　　　　　　　　사관다운 대우.
- 無邪気らしい驚き方。　　　　　　　　천진스러운 놀람.
- 妻らしいところがない。　　　　　　　아내다운 구석이 없다.

59. わけ(訳)

① 도리. 이치. 사리. 〔동의어〕道理(どうり)

- わけの分からない人。　　　　　　　　사리를 잘 모르는 사람.
- わけを説いて聞かせる。　　　　　　　사리를 알아듣도록 타이르다.

② 까닭. 사정. 이유. 〔동의어〕いきさつ・事情(じじょう)

- どういうわけで遅刻したか。　　　　　무슨 까닭으로 지각했느냐.
- これにはわけがある。　　　　　　　　여기에는 까닭이 있다.
- こういうわけだから。　　　　　　　　이러한 사정이므로.

③ 사연. 깊은 속사정. 내막. 특히 남녀의 정사. 〔동의어〕いわく

- わけありの仲。　　　　　　　　　　　(무슨) 꿍꿍이가 있는 사이.

④ 뜻. 의미.

- この言葉のわけが分からない。　　　　이 말의 뜻을 모르겠다.
- 単語のわけ。　　　　　　　　　　　　단어의 뜻.

⑤ 결과로서 그것이 당연하다는 뜻을 나타냄. …할 만도 하다.

- それじゃ相手が笑うわけだ。　　　　　그렇다면 (당연히) 상대방이 웃을 만도 하다.
- なるほど彼が怒るわけだ。　　　　　　과연 그가 화낼 만도 하다.

⑥ 〈**否定語가 따르며**〉 부드럽게 부정함.

- 今更どうなるわけでもない。　　　　　새삼 어떻게 될 일도 아니다.

⑦ 〈뒤에 「いかない」가 따르며〉 그렇게 할 수는 없다.

- 承知するわけにはいかない。　　　　　승낙할 수는 없다.
- 笑うわけにはいかない。　　　　　　　웃을 수는 없다.
- 見ないわけにはいかない。　　　　　　보지 않을 수 없다.

【관용구】

わけ(は)ない : (손)쉽다. 아무것도 아니다. 간단하다. 문제없다.

- やってみるとわけ(は)ない。　　　　　　해 보면 손쉽다.
- あいつを負かすのはわけ(は)ない。　　저 녀석을 이기는 것은 문제없다.

60. わざわざ

① 일부러. 고의로. 짐짓.

- わざわざ意地悪する。　　　　　　　　일부러 짓궂게 굴다.
- わざわざ壊さなくてもよさそうなのに。　일부러 부수지 않아도 될 텐데.

② 특별히. 특히.

- わざわざのおいでで恐縮です。　　　　특별히 와 주셔서 황송합니다.
- わざわざ見舞に行く。　　　　　　　　특별히 문안하러 가다.

61. わりあい(割合)

[명사]

① 비율. 〔동의어〕ぶあい(歩合)・わり(割)

- 陸と海との面積のわりあいは1対3だ。　육지와 바다와의 면적 비율은 1대3이다.
- 老人のわりあいがだんだん大きくなる。　노인의 비율이 점점 커지다.
- 1分10円のわりあいで高くなる通話料。　1분에 10엔 꼴로 늘어나는 통화료.

② …치고는. …에 비해.

- 年のわりあいに若い。　　　　　　　　나이에 비해서 젊다.

[부사] 비교적. 다른 것과 비교하여. 예상보다. 생각보다. 뜻밖에.
　　　〔동의어〕わりかた・わりと・わりに

- わりあい(に)速くできた。　　　　　　비교적 빨리 되었다.
- わりあい(に)良く働く。　　　　　　　예상과는 달리 일을 잘 한다.
- わりあいに美しい花だ。　　　　　　　비교적 아름다운 꽃이다.

저자 소개

박정의(朴正義)

원광대학교 일어교육학과 교수

東京大学大学院　総合文化研究科에서 박사학위 취득(学術博士)

저서

『韓日交渉二千年』

『日本神話思考』

『일본 생활과 문화』

『日本語論述文』(일본어)

『日本・日本人의 이해』

『삼국유사 단군에 근거한 국민 국가관 연구』 등

형진의(邢鎭義)

한남대학교 교양융복합대학 조교수

一橋大学大学院　言語社会研究科에서 박사학위 취득(学術博士)

번역서

『역사의 증인 재일조선인』

『원전의 재앙 속에서 살다』 등

MEMO

일본어 논술문 작성법

초판발행	2014년 2월 28일
1판 2쇄	2020년 3월 1일
저자	박정의, 형진의
책임 편집	서대종, 조은형, 무라야마 토시오
펴낸이	엄태상
마케팅	이승욱, 오원택, 전한나, 왕성석
온라인 마케팅	김마선, 김제이, 조인선
경영기획	마정인, 조성근, 최성훈, 정다운, 김다미, 전태준, 오희연
물류	유종선, 정종진, 윤덕현, 양희은, 신승진
펴낸곳	시사일본어사(시사북스)
주소	서울시 종로구 자하문로 300 시사빌딩
주문 및 교재 문의	1588-1582
팩스	(02)3671-0500
홈페이지	www.sisabooks.com
이메일	book_japanese@sisadream.com
등록일자	1977년 12월 24일
등록번호	제 300-1977-31호

ISBN 978-89-402-9149-8 13730

* 이 교재의 내용을 사전 허가없이 전재하거나 복제할 경우 법적인 제재를 받게 됨을 알려 드립니다.
* 잘못된 책은 구입하신 서점에서 교환해 드립니다.
* 정가는 표지에 표시되어 있습니다.